ENTWICKLUNG UND EVALUATION DES FRAGEBOGENS „TAGESGRUPPENARBEIT AUS ELTERNSICHT“ DES QUALITÄTSBEURTEILUNGSSYSTEMS FÜR HILFEN ZUR ERZIEHUNG (QuBuS-TG-E)

QUALITÄT UND QUALITÄTSSICHERUNG IN DER SOZIALEN ARBEIT

Herausgegeben von Rolf Ebeling

1 *Rolf Ebeling*
Qualitätsdialoge in der Jugendhilfe Eckehardt
Professionalisierung und Ökonomisierung in der Sozialen Arbeit zur strukturierten Bewertung und Weiterentwicklung der „Güte" der sozialen Dienstleistung
ISBN 3-89821-199-1

2 *Rolf Ebeling*
Evaluationsforschung in der Jugendhilfe
Die Einbeziehung der Klientenperspektive als zentrale Ressource zur Weiterentwicklung des Qualitätsmanagements – die Meinung der Kunden zählt
ISBN 3-89821-302-1

3 *Nina Heimanns*
Entwicklung und Evaluation des Fragebogens „Tagesgruppenarbeit aus Elternsicht" des Qualitätsbeurteilungssystems für Hilfen zur Erziehung (QuBus-TG-E)
ISBN 3-89821-303-X

4 *Rolf Ebeling*
Moderne (Klein-) Gruppenpädagogik in Jugendwohngemeinschaften als erfolgreiche Alternative wirtschaftlicher Denkmodelle
ISBN 3-89821-321-8

5 *Carsten Mayer*
Der Familienentlastende Dienst –Zukunftsprojekt–
Qualitätsentwicklung und Qualitätssicherung
ISBN 3-89821-304-8

Nina Heimanns

ENTWICKLUNG UND EVALUATION DES FRAGEBOGENS „TAGESGRUPPENARBEIT AUS ELTERNSICHT" DES QUALITÄTSBEURTEILUNGSSYSTEMS FÜR HILFEN ZUR ERZIEHUNG

(QuBuS-TG-E)

ibidem-Verlag
Stuttgart

Bibliografische Information Der Deutschen Bibliothek

Die Deutsche Bibliothek verzeichnet diese Publikation in der Deutschen Nationalbibliografie; detaillierte bibliografische Daten sind im Internet über <http://dnb.ddb.de> abrufbar.

∞

Gedruckt auf alterungsbeständigem, säurefreien Papier
Printed on acid-free paper

ISBN: 3-89821-303-X

Printed in Germany

Inhaltsverzeichnis

1 EINLEITUNG

Die Frage nach der Effektivität der Leistungsangebote in der Kinder- und Jugendhilfe wird in letzter Zeit immer häufiger gestellt. Zu dieser Entwicklung hat sowohl die Einführung des Kinder- und Jugendhilfegesetzes (KJHG) als auch die stark eingeschränkte Bereitstellung öffentlicher Mittel für diesen Bereich geführt (Petermann, Sauer und Becker, 1997). Um weiter eine Förderung durch öffentliche Mittel zu erhalten, sind die Anbieter sozialer Dienstleistungen verstärkt herausgefordert, Qualitätsnachweise ihrer eigenen Arbeit zu erbringen und somit auch diesen verschärften sozialpolitischen Bedingungen gerecht zu werden.

Neben den rechtlichen und ökonomischen Gründen gibt es jedoch auch fachliche und berufsethische Überlegungen, die für eine Qualitätssicherung in der Kinder- und Jugendhilfe sprechen. So steht in der Präambel der Berufsordnung für Psychologinnen und Psychologen (Berufsverband Deutscher Psychologinnen und Psychologen, 1986), dass sich der/die PsychologIn an den Grundsatz der wissenschaftlichen Redlichkeit hält und den Erfolg seiner Arbeit überprüft. In den Rahmenrichtlinien der Deutschen Gesellschaft für Verhaltenstherapie (DGVT) wird Qualitätssicherung unter den insgesamt sechs ‚zentralen Aspekten des sozialen Handelns' genannt. (DGVT, 1996).

Sich mit der Qualität in der Jugendhilfe auseinanderzusetzen, bedeutet nach Merchel (1999), sich auf ein schwieriges Gelände zu wagen. Er meint, dieses Gelände sei deswegen so unübersichtlich, weil es, aus unterschiedlichen Perspektiven betrachtet, immer wieder verschiedene Gestalten annehme. Dies geschehe sowohl durch die unterschiedlichen Betrachtungsebenen der Qualität (z.B. fachlich, ethisch, wirtschaftlich, etc), die unterschiedlichen Interessenten (Träger, MitarbeiterInnen, Jugendamt, KlientInnen etc.) und im Hinblick auf die Besonderheit pädagogischer Handlungsfelder (z.B. Nicht-Technologisierbarkeit pädagogischer Abläufe und Interaktionen). Angesichts des sozialpolitischen Drucks, der auf die Jugendhilfe einwirkt, ist es jedoch notwendig, den Begriff ‚Qualität' für den Bereich Jugendhilfe zu definieren und, darauf aufbauend, angemessene Verfahren zur Qualitätsbeurteilung zu installieren.

Qualität kann dabei als latentes *mehrdimensionales Konstrukt* (vgl. Zillessen, 1994) betrachtet werden, das man nicht selbst messen, sondern nur über unterschiedliche Indikatoren – jeweils ausschnittsweise – erfassen kann. Donabedian (1966) liefert eine operationale Definition der Qualität der medizinischen Versorgung, wobei er die Dimensionen Struktur-, Prozess-, und Ergebnisqualität einführt. Unter **Strukturqualität** versteht er die Voraussetzungen für die Versorgung (z.B. Qualifikation, Ausbildung, bauliche und technische Ausstattung), unter **Prozessqualität** dagegen das konkrete Handeln (z.B. Durchführung diagnostischer und therapeutischer Maßnahmen/Leistungen) und unter **Ergebnisqualität** schließlich den ‚Outcome', also z.B. Veränderungen des Gesundheitszustands, Veränderungen der Lebensqualität oder Zufriedenheit (Nübling & Schmidt, 1998).

Nach Knab und Macsenaere (1999) kommt im Rahmen der aktuellen Diskussion um Qualitätssicherung und –entwicklung erzieherischer Hilfen der Evaluation, d.h. der empirisch fundierten Überprüfung der Wirkungen und Folgen einer Erziehungshilfe, eine besondere Bedeutung zu. Lösel und Nowack (1987) definieren Evaluation (bzw. Evaluationsforschung) als die ‚Verwendung wissenschaftlicher Methoden zum Zweck der Beurteilung eines Produktes, Programms oder Prozesses hinsichtlich seines Wertes für die Erreichung bestimmter Ziele' (S. 57).

Insgesamt gibt es trotz gesetzlicher Verankerung wenig Forschung zum Thema Evaluation in der Jugendhilfe. Dazu meint Schmidt (2000) in Bezug auf die Jugendhilfe Effekte Studie:

> Das dritte Hintergrundmerkmal der Studie ist ein weitgehendes Fehlen von Forschung in der Jugendhilfe, das seine Gründe in wissenschaftlicher Tradition, methodischen Schwierigkeiten, aber auch mangelndem Interesse hat. Dieser Zustand ist nicht nur angesichts des hohen Kostenaufwandes erzieherischer Hilfen bemerkenswert, sondern auch angesichts der subjektiven Belastungen der betroffenen Kinder und Jugendlichen durch nicht oder nur teilweise gelungene Lebensläufe. (S.7)

Die Jugendhilfe Effekte Studie ist eine Längsschnittstudie über vier Jahre, welche die Effekte verschiedener Hilfeformen miteinander vergleicht. Die Studie ist erst kürzlich abgeschlossen worden. In einer Vorabveröffentlichung von Ergebnissen (Schmidt, 2000) wird berichtet, dass es zwischen verschiedenen Hilfeformen Unterschiede in Bezug auf Struktur- und Prozessqualität gibt. Bei der Ergebnisqualität wird hier nicht mehr zwischen einzelnen Hilfeformen unterschieden. Insgesamt zeigen sich deutliche Rückbildungen in den Auffälligkeiten der Kinder für die Gesamtheit der Verläufe. Verbesserungen des Funktionsniveaus, also der Fähigkeit der Kinder zur Bewältigung ihrer alterstypischen Alltagsaufgaben, lassen sich nach dem Bericht mühsamer erreichen als die Verminderung der Auffälligkeiten. Die geringsten Effekte werden bei der Senkung der psychosozialen Belastung gefunden. Weiterhin kann gezeigt werden, dass sich Kooperation als Ausdruck der Betroffenenbeteiligung als bedeutsame Größe für den späteren Erfolg im Hilfeprozess erweist (Flosdorf & Hohm, 1999).

Andere größer angelegte Studien (z.B. Forschungsprojekt Jule, 1998 oder die Studien der Planungsgruppe Petra, 1988 und 1992) versuchen, vorerst über Aktenanalysen oder Befragung der Einrichtungen eine genaue Beschreibung der Klientel und der Problemlagen zu erreichen. Darauf folgt meist eine möglichst differenzierte Beschreibung der Unterschiede sowohl der Klientel als auch der Arbeit der Einrichtungen innerhalb und zwischen verschiedenen Hilfeformen. Der Erfolg der Maßnahme wird teils durch Aktenanalyse und teils durch Befragung ehemaliger Heimbewohner, die dann meist qualitativ ausgewertet wird, ermittelt.

Lambach (1994) fasst die Ergebnisse der Untersuchung der Planungsgruppe Petra über Bestand, Entwicklung und Leistungsmöglichkeit von Tagesgruppen (1992) zusammen, indem er darlegt, dass die Untersuchung zeige, wie komplex die konzeptionellen, organisatorischen und materiellen Voraussetzungen sind, die gegeben sein müssen, um kompetente Tagesgruppenarbeit zu leisten. Die Untersuchung zeigt nach seiner Meinung auch, dass kompetente Tagesgruppenarbeit möglich und in vielen Einrichtungen realisiert worden ist. Vielen Kindern und Familien werde konkret geholfen, und die Tagesgruppenarbeit werde von Eltern, Kindern, Lehrern, Jugendamts- und TagesgruppenmitarbeiterInnen meist positiv bewertet.

Obwohl in diesen Studien das Thema ‚Elternarbeit' auftaucht und die Wichtigkeit der Betroffenenbeteiligung unterstrichen wird, werden Eltern kaum befragt. Eine Ausnahme ist die Jugendhilfe Effekte Studie, doch auch hier beschränkt sich die Befragung auf Ausgangslage und Ergebnisqualität, während Struktur- und Prozessqualität vernachlässigt werden.

Die Vermutung liegt nahe, dass es neben diesen ‚großen', veröffentlichten Studien noch eine Vielzahl kleinerer und nicht veröffentlichter Studien einzelner Einrichtungen gibt, die auch insbesondere die Sicht der Eltern berücksichtigen. Diese dürften jedoch weder theoriegeleitet vorgehen, noch dazu beitragen, Standardinstrumente für die Evaluation von Jugendhilfearbeit zu entwickeln, da in der alltäglichen Arbeit von Jugendhilfeeinrichtungen oft weder die zeitlichen noch die finanziellen Voraussetzungen gegeben sind, um forschend tätig zu werden.

Ein mittlerweile fester Bestandteil der Jugendhilfe sind Tagesgruppen als Form der teilstationären Erziehungshilfe. Hier werden die Kinder bzw. Jugendlichen tagsüber (in der Regel nach der Schule) von Fachkräften betreut und gefördert. Die Erziehung des Kindes in der Familie wird unterstützt und ergänzt. §32 des Kinder- und Jugendhilfegesetzes definiert die Erziehung in einer Tagesgruppe folgendermaßen: „Hilfe zur Erziehung in einer Tagesgruppe soll die Entwicklung des Kindes oder des Jugendlichen durch soziales Lernen in der Gruppe, Begleitung der schulischen Förderung und Elternarbeit unterstützen und dadurch den Verbleib des Kindes oder des Jugendlichen in seiner Familie sichern." Die Kinder und Jugendlichen, mit denen gearbeitet wird, befinden sich im familiären und/oder schulischen Bereich in einer konfliktreichen und angespannten Situation und reagieren mit sozial auffälligem und störendem Verhalten. Oft reichen die Kräfte und Möglichkeiten der Familie nicht aus, eine positive Veränderung einzuleiten, so dass die Familie intensive fachliche Hilfe und Beratung auf vertrauensvoller Basis benötigt. Die Kinder werden durch die Eltern, das Jugendamt, den Allgemeinen Sozialen Dienst (ASD) oder andere soziale Institutionen in den Tagesgruppen angemeldet. Über die Aufnahme eines Kindes und seiner Familie entscheidet das Jugendamt, die Familie und die TagesgruppenmitarbeiterInnen. Grundbedingung für die Arbeit ist die Bereitschaft der Eltern zur Kooperation und zur Auseinandersetzung mit dem eigenen Familiensystem.

Die Ziele dieser Arbeit lassen sich in zwei Teile gliedern. Im Vordergrund steht die theoriegeleitete Entwicklung eines Fragebogens zur Evaluation von Jugendhilfemaßnahmen, hier spezialisiert für Hilfe zur Erziehung in einer Tagesgruppe. Ein weiterer Aspekt ist die Evaluation der Effektivität von Tagesgruppen.

Das Qualitätsbeurteilungssystem (QuBuS) für Hilfen zur Erziehung wird als ein Fragebogen, der sich allgemein auf die Evaluation von Jugendhilfemaßnahmen richtet, in Zusammenarbeit mit einer anderen Arbeit (Burckhardt, 2002) entwickelt. Für diese Arbeit wird der Fragebogen ‚Tagesgruppenarbeit aus Elternsicht' (QuBuS-TG-E) als ein Modul des Qualitätsbeurteilungssystems für die Evaluation von Hilfe zur Erziehung in Tagesgruppen spezialisiert. Burckhardt spezialisiert den Fragebogen für die Evaluation von Erziehungsberatungsstellen (QuBuS-EB-E). Beide Module des Qualitätsbeurteilungssystems werden in den einzelnen Arbeiten getrennt voneinander evaluiert.

Der Fragebogen richtet sich an Eltern und bildet Aspekte der Struktur-, Prozess- und Ergebnisqualität ab.

Zur Beurteilung des Erfolgs der Maßnahme werden im QuBuS verschiedene Facetten der **Ergebnisqualität** herangezogen.

Im Vordergrund, insbesondere für die Leistungsträger, steht die *Symptomreduktion*. Dies entspricht auch der Tradition der Evaluation von medizinischer Versorgung, in der somatische Indikatoren (z.B. Erfassung des Schweregrades der Erkrankung) und Mortalitätsraten (z.B. Verlängerung der Überlebenszeit) betrachtet werden.

Doch im medizinischen Bereich werden zunehmend auch andere Kriterien berücksichtigt, die sich auf die Funktionsfähigkeit und die subjektive Befindlichkeit der Patienten beziehen. Hierzu gehören z.B. die Fragen, wie gut Patienten in der Lage sind, alltägliche Lebensaktivitäten zu vollziehen, wie wohl sie sich dabei fühlen und wie zufrieden sie mit ihrem Gesundheitszustand und ihrer Lebenssituation sind. Neben den ‚traditionellen' Kriterien zur Beurteilung der Behandlung treten somit Aspekte in den Vordergrund, die unter dem Stichwort *‚Lebensqualität'* zusammengefasst werden können. Im psychiatrischen Bereich wurden Konzepte der Lebensqualität bislang im Vergleich zu anderen medizinischen Disziplinen relativ wenig berücksichtigt. Insbesondere bei Kindern wurden nur wenige Untersuchungen durchgeführt (Mattejat und Remschmidt, 1998b). Im Jugendhilfebereich findet das Konzept der Lebensqualität ebenfalls kaum Beachtung.

Neben der fehlenden Berücksichtigung der Lebensqualität wird auch die Frage nach der *Belastung* von Kindern, Eltern und Familie oft vernachlässigt.

In der Tagesgruppenarbeit werden bewusst nicht nur die Kinder, sondern die ganzen Familien als ‚Klienten' gesehen. So ist die Elternarbeit ein gleichwertiger Baustein neben der Arbeit mit dem Kind.

Neben diesen indirekten Veränderungsmessungen interessiert aber auch die *direkte Einschätzung von Veränderung* aus Sicht der Eltern, *deren Beurteilung des Erfolgs* und deren *Gesamtzufriedenheit*.

Zur Beurteilung der **Prozessqualität** sollen die Eltern zum einen ihre Zufriedenheit mit ihrem Einbezug in die Maßnahme angeben. Des weiteren soll auch die Qualität der Beziehung zu den MitarbeiterInnen beurteilt werden. Zur Operationalisierung der Qualität der Beziehung wird auf die Selbstbestimmungstheorie von Deci & Ryan (1985) zurückgegriffen. Sie postuliert eine dem Menschen innewohnende Tendenz zu psychischem Wachstum und Weiterentwicklung. Drei psychische Grundbedürfnisse, nämlich Kompetenzerleben, soziale Eingebundenheit und Autonomieerleben, werden als zentral betrachtet, da die Erfüllung dieser Bedürfnisse notwendig für psychisches Wachstum und Integration und ebenso für eine konstruktive soziale Entwicklung und persönliches Wohlergehen ist. Des weiteren fördert die Erfüllung der Grundbedürfnisse die Entstehung intrinsischer Motivation. Die Selbstbestimmungstheorie konnte schon in verschiedenen Kontexten evaluiert werden. So konnten z.B. Kasser und Ryan (1999) zeigen, dass bei Bewohnern eines Pflegeheims die Unterstützung von Autonomie und sozialer Eingebundenheit mit größerem Wohlergehen einhergeht.

Schließlich sollen die Eltern noch die **Strukturqualität** beurteilen. Hierzu wird die Zufriedenheit mit einzelnen Aspekten der Tagesgruppe abgefragt. Neben der Elternbefragung werden einige Daten zur Beschreibung der Eingangsvoraussetzungen der Klientel und zum Verlauf der Arbeit in der Tagesgruppe den Akten entnommen.

Zur Prüfung der Validität des Fragebogens sollen theoretisch vorhersagbare Zusammenhänge geprüft werden. Die Beurteilung der Qualität der Beziehung steht im Fokus der Betrachtung, da nach Hunstein (1999) der Aufbau einer partnerschaftlichen und vertrauensvollen Beziehung als Schlüsselelement der Pflege verstanden werden kann. Dies dürfte auch für den Bereich Erziehungshilfe zutreffen.

Das elterliche Erleben von Autonomie, Kompetenz und sozialer Eingebundenheit in der Elternarbeit sollte auf zwei Wegen auch zur Veränderung in der Familie und bei den Kindern führen. Zum einen sollten Eltern, die von den MitarbeiterInnen Autonomie- und Kompetenzunterstützung sowie soziale Eingebundenheit erfahren, auch eine Steigerung in ihrem psychischen Wohlbefinden erfahren. Dies sollte sich dann positiv auf den Umgang mit den Kindern auswirken. Gleichzeitig sollte die Erfüllung der Grundbedürfnisse die intrinsische Motivation und somit die Bereitschaft der Eltern, neue Wege in Bezug auf ihrem Umgang mit dem Kind zu lernen und anzuwenden, steigern.

Des weiteren ist anzunehmen, dass MitarbeiterInnen, bei denen die Eltern Autonomie- und Kompetenzunterstützung sowie soziale Eingebundenheit erfahren, diese Erfahrungen auch den Kindern ermöglichen. Somit sollte dadurch auch direkt das persönliche Wohlergehen des Kindes positiv beeinflusst werden. Bei diesen Kindern sollten sich die Symptome verringern und die Lebensqualität sollte steigen. Eltern, die Autonomie- und Kompetenzunterstützung und soziale Eingebundenheit erfahren, sollten den Verlauf der Maßnahme positiver bewerten und auch eine größere Gesamtzufriedenheit angeben.

Das QuBuS-TG-E wird im Juni 2001 an Eltern verschickt, deren Kinder zu diesem Zeitpunkt in einer der Tagesgruppen der Jugendhilfe Eckehardt sind oder in den letzten zwei Jahren dort waren. Ausgeschlossen wurden Familien, deren bisheriger oder gesamter Aufenthalt unter drei Monaten lag. Insgesamt wurde der Fragebogen an 81 Familien geschickt.

Ein weiteres Ziel der Arbeit dient der Evaluation der Tagesgruppen der Jugendhilfe Eckehardt und soll den MitarbeiterInnen konkrete Hinweise auf positive Aspekte und Veränderungsmöglichkeiten ihrer Arbeit geben. Im Bereich Erziehungshilfen Eckehardt besteht die Tagesgruppenarbeit seit 1984. Heute umfasst dieses Angebot sechs Tagesgruppen in Bielefeld-Eckardtsheim, Bielefeld-Brackwede, Gütersloh und Halle-Kölkebeck mit insgesamt 36 Plätzen. In den Tagesgruppen werden jeweils sechs Kinder zwischen 6 und 14 Jahren (mit Ausnahme der Tagesgruppe Brackwede mit Jugendlichen zwischen 13 und 16 Jahren) von zwei pädagogischen Fachkräften betreut.

2 QUALITÄT IN DER JUGENDHILFE

Nach DIN ISO 9004 ist Qualität als die ‚Gesamtheit von Eigenschaften und Merkmalen eines Produkts oder einer Dienstleistung, die sich auf deren Eignung zur Erfüllung festgelegter oder vorausgesetzter Erfordernisse beziehen' (Deutsches Institut für Normung DIN, 1992, S.9) definiert. Vereinfacht gesagt, ist Qualität das Verhältnis zwischen realisierter Beschaffenheit (IST) und geforderter Beschaffenheit (SOLL). Die Normen der DIN ISO 9000-Familie wurden ursprünglich für die produzierende Industrie entwickelt und dienen heute in über 70 Ländern zur Qualitätssicherung von Produkten und Dienstleistungen. Die DIN ISO 9004 befasst sich speziell mit Dienstleistungen und ist somit auch für soziale und klinische Dienste interessant.

2.1 Struktur-, Prozess- und Ergebnisqualität

Die Aufteilung der Qualität nach Struktur-, Prozess und Ergebnisqualität, wie sie Donabedian (1966) für den gesundheitswissenschaftlichen Bereich vorgeschlagen hat, setzt sich auch in der Qualitätsdiskussion der Jugendhilfe durch.

Unter **Strukturqualität** werden die allgemeinen Rahmenbedingungen einer Institution verstanden. Holländer und Schmidt (1997) zählen hierzu neben soziographischen Organisationsmerkmalen vor allem materielle und personelle Ressourcen, also z.B. finanzielle Mittel, bauliche und räumliche Standards, Umfang und Qualität der Arbeitsmittel, die Personalstellen, sowie die Qualifikation der Beschäftigten. Um Strukturqualität möglichst eindeutig von den anderen Formen abgrenzen zu können, schlagen Holländer und Schmidt weiter vor, Strukturqualität als die Gesamtheit der institutionellen Qualitätsmerkmale zu definieren, die zumindest über bestimmte Zeiträume hinweg konstant bleiben und unabhängig von einzelnen Personen und Aufgabenausführungen beschrieben und beurteilt werden können. Somit erfasst Strukturqualität auch die Qualität der Arbeitskonzepte, -regeln, und –organisation, welche die Arbeitsprozesse steuern.

Holländer und Schmidt (1997) definieren **Prozessqualität** als ‚Qualität der Leistungserbringung' (S. 4) und führen aus, dass dies, auf die Jugendhilfe bezogen, die Modalitäten der Intervention und ihres Ablaufs sind. Prozessqualität charakterisiert demnach die individuumsbezogenen Leistungsprozesse und kann entsprechend nur über Analysen konkreter Einzelverläufe erfasst werden. Nach der vorgeschlagenen Definition beinhaltet Prozessqualität die Qualität des individuellen Umgangs mit den vorgegebenen Strukturen und der Klientel, die Qualität der individuellen Umsetzung der Konzepte sowie des individuellen Einsatzes und Ablaufs von Leistungen. Nach Merchel (1988) werden Aspekte der Prozessqualität zwar häufig diskutiert, jedoch weniger im Kontext einer Qualitätsdebatte behandelt. Dazu müssten zum einen konzeptionelle Differenzen überwunden werden und zum anderen fehlen noch Indikatoren zur Prozessqualität.

Ergebnisqualität bezieht sich auf die Effektivität (als Erfolg der Intervention), die Effizienz (im Sinne eines Kosten-Nutzen-Verhältnisses) der Maßnahme und die Zufriedenheit (Holländer & Schmidt, 1997). Nach Merchel (1988) werden Fragen der Ergebnisqualität dann angesprochen, wenn der erreichte Zustand, also entweder Erfolg oder Misserfolg, im Mittelpunkt steht. Die Ergebnisse von Leistungen stehen seiner Meinung nach meist im Mittelpunkt des öffentlichen Interesses, weil hier am einfachsten diskutiert werden kann, ob sich der (z.B. finanzielle) Aufwand gelohnt hat. Er führt jedoch auch weiter aus, dass sich bei der Beurteilung der Ergebnisqualität nicht nur messtechnische Probleme ergeben, sondern dass generell die Frage gestellt werden muss, ob es sinnvoll ist, sich aufgrund der Komplexität auf die Ebene der Ergebnisqualität einzulassen. Zu berücksichtigen sind demnach der Mangel an eindeutigen Ursache-Wirkungs-Beziehungen, die Individualität der Ziele und die somit nur einzelfallbezogenen Beurteilbarkeit von Ergebnissen sowie das Zusammenwirken von Adressat und Professionellem bei der Leistungserstellung.

Die Annahme, dass zwischen Struktur-, Prozess- und Ergebnisqualität lineare bzw. kausale Beziehungen bestehen, kann bislang nicht empirisch bestätigt werden. Nach Nübling & Schmidt (1998) können Struktur- und Prozessqualität als notwendige, aber nicht hinreichende Bedingungen für die Ergebnisqualität betrachtet werden. Die Planungsgruppe Petra findet in ihrer Untersuchung zu Bestand, Entwicklung und Leistungsmöglichkeit von Tagesgruppen (1992) heraus, dass eine schlechte Ausstattung mit Ressourcen erfolgreiche Arbeit relativ verlässlich verhindert, eine gute Ressourcenausstattung aber keine gute Arbeit garantiert. So scheint es ein Mindestniveau der Strukturqualität zu geben, das nicht unterschritten werden darf, um die

Ergebnisqualität nicht zu beeinträchtigen. Eine Verbesserung der Strukturqualität muss sich hingegen nicht notwendigerweise in erhöhter Ergebnisqualität niederschlagen. Sie wird sich nach Holländer & Schmidt (1997) nur dann positiv auswirken, wenn die optimierten Arbeitsbedingungen und – voraussetzungen auch konstruktiv genutzt werden, wenn sie also zu einer höheren Prozessqualität beiträgt.

Schmidt et al. (1999) gehen von einem stärkeren Einfluss der Strukturqualität auf die Prozessqualität und von einem in der Regel stärkeren Einfluss der Prozessqualität auf die Ergebnisqualität als jeweils umgekehrt aus.

Nach Schmidt und Hohm (1997) sind Beeinflussungen zwischen Struktur- und Prozessqualität bzw. zwischen Prozess- und Ergebnisqualität nicht im engeren Sinne wechselseitig, da sich Veränderungen aufgrund unzureichender Prozess- oder Ergebnisqualität nur langfristig in Wandlungen von Prozessen und Strukturen auswirken. Prozessqualität kann demnach vor allem mittels ihrer Wirkung auf die Ergebnisqualität die verfügbaren Ressourcen und die Jugendhilfepolitik beeinflussen.

Die drei Dimensionen der Qualität sind weiterhin abhängig von den Ressourcen, der Nachfrage und der Ausgangslage der Klientel. Nach Schmidt und Hohm (1997) sind Struktur- und Prozessqualität jedoch nicht nur von Ressourcen abhängig, sondern können sie auch beeinflussen, da ungünstige Struktur- und Prozessmerkmale die Forderung nach Verbesserung nach sich ziehen und somit notwendige Mittel freigesetzt werden können. Die Nachfrage beeinflusst nicht nur die Strukturqualität (z.B. die Erweiterung der Hilfeformen, die verstärkt gefragt sind), sondern auch die Prozessqualität. So erwarten Schmidt und Hohn (1997) durch die gemeinsame Aushandlung zwischen Familie, Jugendamt und Jugendhilfeinstitution eine zunehmende Bevorzugung von familienorientierten Vorgehensweisen gegenüber eher kindorientierten.

Nach Schmidt et al. (1999) kann eine relativ schwache Ergebnisqualität auch von der Ausgangssituation der Klientel abhängen, die nicht unbedingt durch die Prozessqualität beeinflusst werden kann. Sie postulieren eine multiplikative Verknüpfung zwischen Prozess- und Ergebnisqualität dahingehend, dass Klientenmerkmale als limitierender Faktor den Einfluss der Prozessqualität begrenzen können.

Bei der Betrachtung der Qualität von Jugendhilfemaßnahmen ist es wichtig zu beachten, dass immer nur bestimmte Aspekte der Qualität betrachtet werden können (z.B. nur die subjektive Meinung der KundInnen). Damit dies aber zumindest möglichst umfassend geschieht, sollten aber auf jeden Fall Aspekte der Struktur-, Prozess- und Ergebnisqualität berücksichtigt werden.

2.2 Qualitätssicherung

Das Modell der Qualitätssicherung ist im industriellen Bereich entwickelt worden. Durch die schlechte wirtschaftliche Lage und den daraus resultierenden Druck, Geld einzusparen, entstand das Interesse seiner Übertragung auf Dienstleistungsbereiche, insbesondere auch auf die Jugendhilfe und das Gesundheitswesen. Zur Zeit wird geprüft, inwieweit die Normen der DIN ISO 9000-Familie zur Beschreibung und Beurteilung der Leistungsqualität in der Jugendhilfe sinnvoll angewendet werden können. Nach Nübling & Schmidt (1998) nutzen gerade Anbieter im Gesundheitswesen die Möglichkeit, sich vermehrt nach DIN ISO zertifizieren zu lassen.

Näther (2000) kritisiert an den DIN ISO Normen, dass die Qualitätsstandards sehr allgemein formuliert sind und ein Einbezug fachlicher Kriterien fehlt. Er führt aus, dass der Qualitätsstandard, z.B. für die Nahrungsmittelproduktion und vielleicht auch noch für Allgemeinkrankenhäuser relativ leicht ableitbar ist, dass dies aber z.B. für die psychosoziale Versorgung weitaus problematischer ist und fachintern sehr kontrovers diskutiert wird. Merchel (1988) kritisiert, dass sich einige Jugendhilfeeinrichtungen bereits aus Gründen des Konkurrenzvorteils nach DIN ISO zertifizieren lassen, obwohl diese Zertifizierung sich lediglich auf formale Verfahren und nicht auf die Inhalte von Qualität bezieht und daher deren Aussagegehalt als zweifelhaft angesehen werden kann.

Viele MitarbeiterInnen der Jugendhilfe haben Bedenken, dass die Qualitätssicherung als Kontrollinstrumentarium eingesetzt wird, um Kosten zu senken und Mittel einzusparen. Nach Merchel (1988) müssen sich soziale Einrichtungen im Hinblick auf die Wirksamkeit ihres Handelns, die praktizierten qualitativen Standards und das Verhältnis zwischen Aufwand und Ergebnis legitimieren. Jedoch kann die Qualitätssicherung auch der fachlichen Verbesserung der Jugendhilfearbeit – im Interesse aller Betroffenen und Beteiligten – dienen. Holländer & Schmidt (1997) haben die Vorteile für die einzelnen Beteiligten herausgearbeitet:

- Die Jugendhilfeverwaltung kann von Maßnahmen der Qualitätssicherung systematische Entscheidungshilfen sowohl bei einzelfallbezogenen als auch bei übergeordneten Planungsaufgaben erwarten.
- Praxiseinrichtungen können durch Verfahren der Qualitätssicherung ihre eigene Leistungsfähigkeit nach außen sichtbarer machen und Argumentationshilfen erhalten, um die Rahmenbedingungen der eigenen Arbeit im Sinne eines hohen Qualitätsstandards zu verbessern.
- MitarbeiterInnen der Einrichtungen verhilft die Qualitätssicherung zu erhöhter Transparenz der Arbeitsziele und –abläufe, zu einer Verbesserung der internen Kooperation und zur Weiterentwicklung der eigenen Kompetenzen.
- Die Klientel der Jugendhilfe soll die Qualitätssicherung vor unqualifizierten Interventionen schützen und eine höhere Akzeptanz der Hilfeentscheidungen und –abläufe ermöglichen.

Die Begriffe Evaluation und Qualitätssicherung werden in der Diskussion um Qualität in der Jugendhilfe oft synonym verwendet. Nach Gerull (1997) betont der Begriff ‚Evaluation', dass Methoden der empirischen Sozialforschung angewandt wurden. Nach Näther (2000) lassen sich die Begriffe der Qualitätssicherung leicht in die Fachterminologie der Evaluation zurück übersetzen. So setzt er formative Evaluation gleich mit der Prozessqualität und summative Evaluation mit Ergebnisqualität. Als dritte Dimension ist jedoch die Strukturqualität hinzugekommen. Er betont weiterhin, dass der Qualitätssicherungsbegriff in drei Aspekten über das hinausgeht, was bisher in der Jugendhilfe untersucht wird. So ist heute erstens die Verbindlichkeit wesentlich höher, da die Qualitätssicherung im sozialen Bereich immer mehr gefordert wird. Kam der Impuls zur Evaluation bisher eher von der Einrichtung selbst, so wird zweitens die Fragestellung heute auch immer mehr von ‚außen', also z.B. vom Gesetzgeber, von Kostenträgern oder auch von ‚Nutzern', diskutiert. Als dritter Aspekt kommt hinzu, dass heute auch bestimmte Fragestellungen diskutiert werden, die früher Tabu waren (z.B. Zweckmäßigkeit und Effizienz).

Näther zieht daraus den Schluss, dass man zwar diskutieren kann, ob diese ‚Neubenennung' sinnvoll ist, dass es inhaltlich aber auf jeden Fall wichtig ist, an dem weit älteren und inhaltsreicheren fachlichen Diskurs der Evaluation anzuknüpfen.

2.2.1 Aspekte von Qualitätssicherung

Nach Mattejat und Remschmidt (1998a) kann zwischen ökonomischen (z.B. Wirtschaftlichkeit) und objektiv erfassbaren Qualitätsmerkmalen und subjektiven Aspekten (z.B. Akzeptanz der Behandlung, allgemeine Zufriedenheit) unterschieden werden. Qualität kann somit in zwei unterschiedlichen Kriterienbereichen gemessen werden: Zum einen durch objektive Qualitätsindikatoren, insbesondere der Effektivität und Effizienz und zum anderen durch subjektive Qualitätsbewertung durch KlientInnen, Angehörige oder ÄrztInnen bzw. MitarbeiterInnen. Die Beschäftigung mit objektiven Qualitätsindikatoren ist in der Psychotherapieforschung und der klinischen Evaluationsforschung nichts Neues (Mattejat und Remschmidt, 1998a). So haben laut Rückert und Linster (1998) fachlich fundierte Formen der Qualitätssicherung im Bereich Psychotherapie mit Kindern und Jugendlichen eine lange Tradition. Sie zählen hier standardisierte Verfahren zur Diagnostik, Ton- und Videoaufzeichnung zur Kontrolle und Supervision, sowie Dokumentationsverfahren auf. Im Bereich der Kinder- und Jugendhilfe ist die Hilfeplanung vergleichbar. Nach Petermann und Schmidt (1998) ist das Hilfeplanverfahren, das im § 36 des KJHG festgeschrieben ist, der ‚Dreh- und Angelpunkt effektiver Jugendhilfe' (S. 1). Die Qualität des Hilfeplans entscheidet in erster Linie über die Effektivität der beschlossenen Hilfen, in zweiter Linie ist dafür die Qualität der Leistungserbringung verantwortlich. Subjektive Qualitätsbewertungen durch Patienten bzw. Kunden wurde jedoch durch die Qualitätssicherung in neuer Weise betont. Rückert und Linster (1998) fordern, dass Kunden nicht nur das Ergebnis, sondern auch Art und Qualität (Prozess) der Leistung und den Ort (Struktur) der Leistungserbringung bewerten sollen.

Nach Nübling und Schmidt (1998) ist Qualität relativ und somit abhängig von Zielen, Erwartungen und Festlegungen. Dabei gibt es folgende übergreifende Fragen:

1. die Frage nach interner bzw. externer Qualitätssicherung,
2. die Frage nach Umfang, Methoden und Verfahren der Qualitätssicherung,

3. die Frage danach, wer die Kriterien setzt,
4. die Frage nach der Kontrolle der Durchführung der Qualitätssicherung.

Durch den Begriff ‚intern' sind in der ersten Frage solche Aktivitäten angesprochen, die einzelne MitarbeiterInnen bzw. die Institution selbst durchführen, während die externe Qualitätssicherung von außen aufgelegt ist (z.B. durch Gesetzgeber, Kostenträger). Die beiden Modelle können danach unterschieden werden, in welchem Ausmaß die Beteiligten Einfluss auf Ausgestaltung und Durchführung von Qualitätssicherungsmaßnahmen nehmen können.

Die zweite Frage bezieht sich darauf, ob z.B. Interviews, Fragebögen, Beobachtungen oder Tests zur Beurteilung herangezogen werden. Des weiteren kann hierunter gefasst werden, ob die Beurteilung nur zu einem Zeitpunkt oder zu mehreren erfolgen soll, ob dies dann zeitnah oder zeitverzögert stattfinden und ob eine Breitbandevaluation (möglichst viele Aspekte werden eher oberflächig abgefragt) oder eine fokussierte Evaluation (nur ein eingegrenzter Bereich wird dafür möglichst genau erfragt) durchgeführt werden soll (vgl. Heyse, 2000). Eine weitere Unterteilung ist die in empirische und nicht-empirische Qualitätssicherungsmaßnahmen. Nicht-empirische Maßnahmen sind z.B. Ausbildungsrichtlinien, Zertifizierungen (z.B. nach DIN ISO), verschiedene Arten der Supervision und Qualitätszirkel. Empirische Maßnahmen sind dagegen z.B. Patientenbefragungen, Mitarbeiterbefragungen, Routinekatamnesen und Basisdokumentationssysteme.

Frage drei bezieht sich auf mögliche Interessenträger. Dies könnten im Bereich der Jugendhilfe die Einrichtung bzw. Einrichtungsleitung, Dienst- oder Fachaufsicht, das Jugendamt, Amt für Soziale Dienste, Politik, Öffentlichkeit, MitarbeiterInnen, etc. sein. Nur eine repräsentative Auswahl und Berücksichtigung von Interessen bzw. Kriterien von unterschiedlichen Trägern sichert eine faire Qualitätssicherung (Wittman, 1995 nach Nübling & Schmidt, 1998).

Bei der letzten Frage geht es darum, die Qualitätssicherung selbst und die daraus abgeleiteten Lösungsvorschläge zu überprüfen.

Eine weitere Frage wäre noch, welches die Ziele der Qualitätssicherung sind, d.h. ob es beispielsweise um Qualitätsverbesserung, um eine Kosten-

Nutzen-Analyse, um Rechtfertigung, um wissenschaftliches Interesse oder um das Verständnis der eigenen Situation geht.

2.2.2 Elternbefragung

Im Zusammenhang mit der Diskussion um Qualitätsmanagement in sozialen Einrichtungen und Diensten rückt die empirische Untersuchung der Zufriedenheit von KundInnen (oft werden hier auch die Bezeichnungen ‚KlientInnen' oder ‚NutzerInnen' verwendet) verstärkt in den Mittelpunkt. Nach Rückert und Linster (1998) ist Kundenorientierung die ‚Qualitätsleitlinie' (S. 426). Mit KundInnen sind sowohl BewohnerInnen/Betreute, Eltern/Sorgeberechtigte wie auch Kostenträger gemeint. Empirische Untersuchungen darüber, was sich KundInnen von sozialen Einrichtungen wünschen, beziehen sich meist auf institutionelle Rahmenbedingungen (Gerull & Post, 1999). Jedoch können KundInnen auch über ihre Meinung über die institutionellen Rahmenbedingungen hinaus befragt werden, nämlich auch über Aspekte der Prozess- und Ergebnisqualität.

Nach Mattejat und Remschmidt (1998a) kann die Qualität einer Maßnahme nicht auf den objektiven Behandlungserfolg reduziert werden. Genauso wichtig wie die Beurteilung der Maßnahme durch ‚ExpertInnen' ist die Frage danach, wie die Maßnahmen von den Betroffenen selbst wahrgenommen, erlebt und beurteilt werden. Sie fordern deshalb, bei einer Qualitätsbeurteilung neben objektiven Maßen der Qualität auch die subjektive Beurteilung der beteiligten Personen zu erfassen.

Nach Rückert und Linster (1998) gibt es im Kinder- und Jugendhilfebereich mindestens zwei direkte Kunden: Neben dem Kind oder Jugendlichen sind dies die Eltern bzw. Sorgeberechtigten. Je nach Entwicklungsstand und Störung des Kindes sollten die Bezugspersonen beteiligt werden, da der ‚Adressat der Maßnahme' noch nicht volljährig ist und somit die Sorgeberechtigten für ihn zuständig sind.

Für den Kinder- und Jugendpsychiatrischen Bereich haben Mattejat und Remschmidt (1998a) ein Instrument zur Beurteilung der Behandlung entwickelt. Sie kritisieren, dass es zur objektiven Beurteilung von Wirksamkeit von Therapien zwar standardisierte Instrumente gibt, diese jedoch für eine Qualitätssicherung sehr aufwendig sind, da sie als Wiederholungsmessung durchgeführt werden. Die von ihnen entwickelten ‚Fragebögen zur Beurteilung der Behandlung (FBB)[1]‘ sind das erste Verfahren zur Erfassung der subjektiven Therapiequalität im Kinder- und Jugendpsychiatrischen Bereich. Die FBB existieren in drei Versionen, einer Therapeuten-Version, einer Patienten-Version und einer Eltern-Version. Bei allen drei Beurteilergruppen lassen sich zwei Hauptaspekte identifizieren: der Aspekt des Erfolgs (=Ergebnisqualität) und der Aspekt der Akzeptabilität (=Prozessqualität). Für den Jugendhilfebereich existiert ein solches standardisiertes Verfahren nicht. Die Patienten-Version der FBB ist für Jugendliche ab 12 Jahren geeignet. Es stellt sich die Frage, ob es sinnvoll wäre, noch jüngere Kinder zum Erfolg einer Maßnahme zu befragen. Die intersubjektive Übereinstimmung der mit den FBB erhobenen Behandlungsbeurteilungen ist nach Mattejat & Remschmidt (1995) jedoch relativ gering, d.h. die Behandlungen werden von den verschiedenen Beurteilern oft recht unterschiedlich beurteilt, wobei die Beurteilungen der beiden Eltern am ehesten übereinstimmen. Die stärksten Unterschiede existieren zwischen der Beurteilung der TherapeutInnen und der Eltern. Ist man an einer Beurteilung von ‚außen‘ in Bezug auf Erfolg und Ablauf einer Maßnahme interessiert, bieten sich hier am ehesten die Eltern zur Befragung an. Damit die Eltern auch Aussagen zum Prozess machen können, ist es wichtig, dass sie auch in diesen, z.B. durch Elternarbeit, eingebunden sind.

Die Elternbefragung kann somit als eine Möglichkeit bzw. ein Teil der Qualitätssicherung gesehen werden. Sie dient der subjektiven Beurteilung der Maßnahme. Elternbefragung ist insbesondere dann sinnvoll, wenn die ‚eigentlichen Kunden‘ (die Kinder) noch zu jung sind und wenn die Eltern in die Maßnahme mit eingebunden waren. So können die Eltern ihren Eindruck als direkte Kunden zurückmelden und können von außen die Behandlung ihres Kindes beurteilen.

2.3 Empirische Untersuchungen

Nach Petermann und Schmidt (2000) liegen zur Zeit nur wenige wissenschaftlich fundierte Studien zur Effektivität der Leistungsangebote aus der Jugendhilfe vor, obwohl der Bedarf danach gestiegen ist. Nach den Autoren werden Evaluationsstudien im Bereich der Jugendhilfe aus dem Grund

[1] Bezugsquelle der Fragebögen zur Beurteilung der Behandlung (FBB): Testzentrale Göttingen, Robert-Bosch-Breite 25, 37079 Göttingen, Tel.: (0551) 50-68.0, Fax: (0551) 50-688-24

vernachlässigt, da die Wirksamkeit sozialer Hilfeleistungen schwer mess- und bewertbar erscheinen. Bis heute hat die Jugendhilfeforschung es schwer, die Wirksamkeit von komplexen Maßnahmen zu belegen.

Wesentliche Probleme im Kontext der Jugendhilfeforschung sind (Baur et al., 1998, zit. nach Petermann & Schmidt, 2000):

- Es besteht keine einheitliche Meinung darüber, welche Eigenschaften eine gute Hilfe charakterisieren. Weiterhin gibt es verschiedene Sichtweisen, was als gelungene oder erfolgreiche Entwicklung eines jungen Menschen bezeichnet werden kann.
- Es lässt sich nicht eindeutig bestimmen oder messen, welchen Anteil die Erziehung am Entwicklungsprozess besitzt. Demzufolge kann nicht mit absoluter Sicherheit festgestellt werden, ob Erfolge im Entwicklungsprozess der entsprechenden Hilfemaßnahme zugeschrieben werden können, wenn keine Kontrollgruppen gegeben sind. Jedoch liefern Effektivitätsstudien in gewisser Weise ein Spiegelbild der fachlichen Handlungsmuster und damit auch Leitlinien für die erfolgreiche Durchführung eines Hilfeangebotes.
- Sowohl qualitative als auch quantitative Daten weisen Unschärfen und Verzerrungen auf und stellen lediglich ein Ausschnitt der Wirklichkeit dar.

Die meisten Jugendhilfestudien beziehen sich auf den Bereich der Heimerziehung (z.B. Forschungsgruppe Jugendhilfe Klein-Zimmern, 1992).

Im folgenden sollen drei größer angelegte Studien beschrieben werden.

2.3.1 Die Jugendhilfe Effekte Studie

Für die Jugendhilfe Effekte Studie (JES) wurden 233 Hilfen zur Erziehung von der Planung bis ein Jahr nach Abschluss (längstens aber drei Jahre) verfolgt (Schmidt, 2000). Hierbei wurden fünf verschiedene Hilfearten betrachtet, nämlich Erziehungsberatung, Erziehungsbeistandschaft, Sozialpädagogische Familienhilfe, Erziehung in einer Tagesgruppe und Heimerziehung. Die untersuchten Einrichtungen befanden sich in Nordrhein-Westfalen, Bremen, Baden, Thüringen und Bayern. Für jede erzieherische Hilfe gab es vier Erhebungszeitpunkte.

1. Bei der Ausgangserhebung wurden mit den MitarbeiterInnen Interviews zur Beurteilung des Ausgangsstatus bei Hilfebeginn geführt. Zusätzlich füllten die Eltern bzw. die Sorgeberechtigten die Child Behavior Checklist (CBCL) und das Kind selbst den Münchner Lebensqualitätsfragebogen für Kinder (KINDL) aus.
2. Bei der Verlaufserhebung, die nach der Hälfte der voraussichtlichen Hilfedauer durchgeführt wurden, wurden mit den (Bezugs-) Fachkräften der Einrichtung Interviews zur Beurteilung des Prozesses und der Ergebnisse geführt. Die Eltern füllten wieder die CBCL und zusätzlich einen Fragebogen zur Erfassung der Elternzufriedenheit (EZE) aus. Die Lebensqualität des Kindes wurde wieder mit dem KINDL erhoben.
3. Bei der Abschlusserhebung nach Ende der Hilfe wurde mit den Fachkräften erneut ein Interview zur Prozess- und Ergebnisbeurteilung durchgeführt. Auch die CBCL wurde bei den Eltern und der KINDL wieder beim Kind erhoben.
4. Die Katamneseerhebung erfolgte ein Jahr nach Abschluss der Hilfe. Hier wurde das Interview zur Prozess- und Ergebnisbeurteilung mit den Eltern geführt. Zusätzlich füllten die Eltern wieder die CBCL und den EZE aus. Die Lebensqualität des Kindes wurde erneut mit dem KINDL erhoben.

Mit der Leitungskraft der Einrichtung wurde zusätzlich ein Interview zur Erfassung der Strukturqualität geführt. Die verschiedenen Interviews und der EZE sind für die JES Studie neu entwickelt worden, aber bisher noch nicht veröffentlicht.

Mit den erhobenen Daten wurden folgende Ziele verfolgt:

- Optimierung von Angeboten der Jugendhilfe (durch Entwicklung von Indikationen spezifischer erzieherischer Hilfen)
- Effektvergleich der Angebote Erziehungsberatung, Erziehungsbeistandschaft, Sozialpädagogische Familienhilfe, Erziehung in einer Tagesgruppe und Heimerziehung
- Entwicklung und Standardisierung von Verfahren zur Befunderstellung und Erfolgsbeurteilung in der Jugendhilfe

- Differenzierung der Angebote nach struktur- und prozessbezogenen Leistungsmerkmalen.

(Petermann, 1995).

Zur Beurteilung der Indikation erzieherischer Hilfen wurde betrachtet, nach welchen Informationen sich die MitarbeiterInnen bei ihren Entscheidungen und Vorschläge richten. Es zeigten sich acht Kriterien für ihre Auswahl entscheidend:

- Die Art und damit der Schweregrad der Problematik des Kindes
- Das Ausmaß der Problematik der Familie
- Das Alter bei Beginn der Hilfe zur Erziehung
- Das Ausmaß der familiären Defizite
- Die Ressourcen im Umfeld des Kindes
- Der Grad der Symptombelastung des Kindes
- Das Ausmaß seiner Befindensstörung

Bezüglich der Gewichtung der einzelnen Kriterien überwiegen die kindbezogenen leicht gegenüber den eltern- und familienbezogenen. Folgende, evtl. ebenfalls bedeutsame Kriterien, werden den Ergebnissen nach nicht zur Entscheidungsfindung herangezogen:

- Der Abweichungsgrad der Familiensituation
- Die Ressourcen und Erfolgsaussichten des Kindes
- Das Geschlecht des Kindes
- Die körperliche Konstitution des Kindes
- Das Ausmaß seiner Verhaltensstörung

(Schmidt, 2000)

Da ein Endbericht der JES Studie noch nicht veröffentlicht ist, können zur Untersuchung der Effekte der verschiedenen Hilfeformen noch keine Aussagen getroffen werden. Schätzungen und Messungen von Effekten erzieherischer Hilfen stimmen jedoch darin überein, dass die Ergebnisse von Hilfeverläufen stark von der Prozessqualität abhängen. Bei erfolgreichen wie bei weniger erfolgreichen Hilfeverläufen steht unter den Prozessmerkmalen die Kooperation mit dem Kind oben an. Institutionen, die sich unter quasi klinischen Gesichtspunkten stark auf die Auffälligkeiten des Kindes konzentrieren haben die größte Chance, Misserfolge im Hilfeprozess zu vermeiden. Ein weiteres wichtiges Prozessmerkmal, die Kooperation mit den Eltern, tritt aber hinter der Kooperation mit dem Kind deutlich zurück. Bezogen auf die Zielerreichung bei den Eltern ist aber die Kooperation mit ihnen das wesentlichste Merkmal. Zu positiven Verläufen tragen die Rahmenbedingungen der pädagogischen Förderung ebenfalls bei. Sie sind gegebenenfalls in der Lage, defizitäre Elternrollen zu kompensieren. Familiäre Defizite erschweren erfolgreiche Verläufe, sagen aber nicht unbedingt Misserfolge voraus. (Schmidt, 2000).

In einer Teilstichprobe von 73 Familien wurden die Auffälligkeiten des Kindes bezogen auf den Ausgangswert um 50% gesenkt und das psychosoziale Funktionsniveau stieg um 40% bzw. 28% (gemessen nach Achse VI des Multiaxialen Klassifikationsschemas für psychische Störungen des Kindes- und Jugendalters (Remschmidt & Schmidt, 1994) bzw. der Mannheimer Beurteilungsskala des Funktionsniveaus (Marcus, Blanz, Esser, Niemeyer & Schmidt, 1993)). Die Belastung im psychosozialen Umfeld konnte um 20% verringert werden. Alle vorgefundenen Veränderungen erwiesen sich in Bezug auf das Ausgangsniveau als statistisch sehr signifikant (p=.000) (Hohm & Petermann, 2000).

Über Ergebnisse des eingesetzten Fragebogens zur Erfassung der Elternzufriedenheit gibt es noch keine Veröffentlichungen.

2.3.2 Forschungsprojekt JULE

Die Untersuchung des Forschungsprojekts Jugendhilfeleistung (JULE) über Leistungen und Grenzen von Heimerziehung bezieht erzieherische Hilfen in Tagesgruppen, im Heim und im betreuten Jugendwohnen ein. Zur Evaluation der einzelnen Hilfeformen wurden Akten analysiert und ehemalige KlientInnen befragt. Grundlage der Aktenanalyse war der vollständige Abgangsjahrgang 1994 (alle abgeschlossenen Hilfen) von sechs beteiligten Jugendämtern aus drei Bundesländern (insgesamt 284 analysierte Akten). Die Akten wurden anhand des folgenden Rasters analysiert:

- Situation der Kinder/Jugendlichen und ihrer Familien zu Beginn der Hilfe
- Prozess der Hilfegewährung und –entscheidung
- Hilfeverlauf und Gestaltung des Betreuungssettings
- Situation der jungen Menschen am Ende der Hilfe

Zusätzlich wurde für jeden Hilfeverlauf eine chronologische Fallskizze geschrieben. Im Anschluss an die Aktenanalyse wurde jeder Hilfeverlauf im Hinblick auf den Erfolg und das professionelle Handeln der Fachkräfte bewertet. Dies waren im einzelnen:

- Kategorien zur Bilanzierung der Entwicklung der jungen Menschen: Schul-/Ausbildungssituation, Legalverhalten, soziale Beziehungen, Alltagsbewältigung, Persönlichkeitsentwicklung, familiärer Hintergrund, zentrale Problemkonstellation.
- Kategorien zur Bewertung des fachlichen Handelns im Jugendamt: begründete Bedarfsfeststellung, Vermittlung in adäquate Hilfeform, Auftragsformulierung an Jugendhilfeeinrichtung, Kooperation mit allen Beteiligten im Hilfeprozess, flexibel fortgeschriebene und umgesetzte Hilfeplanung, begründete und geplante Beendigung.
- Kategorien zur Bewertung des fachlichen Handelns in der Jugendhilfeeinrichtung: situationsangepasste Planung und Reflexion des Hilfeangebots, auf individuelle Bedürfnisse abgestimmte Angebote, verlässliches und tragfähiges Betreuungssetting, reflektierte Beteiligung der Betroffenen, Kooperation mit anderen Fachkräften, begründete und geplante Beendigung.

Anhand der summativen Zusammenfassung der in dieser Weise bilanzierten Einzelfälle wird das Leistungspotential der untersuchten Hilfen zur Erziehung beurteilt.

Zusätzlich wurden insgesamt 45 Interviews mit ehemaligen KlientInnen der Abgangsjahrgänge 1992 und 1993 geführt. Im Zentrum der Gespräche stand die Frage, was für die jungen Menschen selbst relevant und bedeutend war, damit das Hilfeangebot von ihnen als gut beurteilt wurde. Ebenso wurde nach der heutigen Lebenssituation und der individuellen Zufriedenheit gefragt, sowie nach dem Einfluss, der dem Hilfeangebot für das momentane Leben zugerechnet wird. Auch für alle interviewten Personen wurden die Akten ausgewertet. So konnten die subjektiven Einschätzungen mit denen aus der Akte verglichen werden.

Von den untersuchten Hilfen verlaufen 57% in ihrer Bilanz für den jungen Menschen positiv, in 16% der Fälle kann eine in Ansätzen positive Bilanz festgestellt werden. In 11% der Fälle konnte die erzieherische Hilfe keine maßgebliche Veränderung der Situation der jungen Menschen bewirken, und in 15% der Hilfeverläufe ist es nicht gelungen, eine schwierige Entwicklung eines jungen Menschen aufzuhalten. Aufgeschlüsselt nach den einzelnen Bereichen, zeigen sich bei der Tagesgruppe bei 64% eine positive und in 18% eine in Ansätzen positive Entwicklung, bei der Heimunterbringung bei 53% eine positive und bei 17% eine in Ansätzen positive Entwicklung. Das Betreute Jugendwohnen schließt sich oft an andere Maßnahmen an. Hierbei werden bei knapp 80% eine positive bzw. in Ansätzen positive Entwicklung festgestellt.

Das Handeln des Jugendamtes wird in 67% der auswertbaren Hilfeverläufe als ‚fachlich qualifiziert' und in 24% der Fälle als ‚in Ansätzen fachlich qualifiziert' bewertet. Vergleichbar ist die Gesamtbilanz für die Jugendhilfeeinrichtungen. Hier werden 75% der Hilfen als ‚qualifiziert' und 18% als ‚in Ansätzen qualifiziert' bewertet.

Eine Gegenüberstellung des fachlichen Handelns der Professionellen mit den Entwicklungen der jungen Menschen weist eindeutige Zusammenhänge nach. Werden fachliche Mindeststandards eingehalten, gelingen 11 von 12 Hilfeverläufen, bei nicht qualifiziertem Handeln scheitern zwei von drei Fällen. Es gibt aber auch junge Menschen, die trotz fachlich qualifizierter Betreuung nicht von der Hilfe profitieren können, sowie es trotz geringer Einhaltung fachlicher Standards auch positive Entwicklungsverläufe gibt.

Bei den Interviews geben 10 von 14 Befragten, die eine Tagesgruppe besucht hatten, an, dass die Hilfe für ihre damalige Situation gelungen und hilfreich war. Von 27 Befragten, die in einem Heim untergebracht waren, äußern 8 Jugendliche, dass sie durchweg positive Erfahrungen gemacht haben und weitere 7 Jugendlichen beschreiben größtenteils positive Erfahrungen. Beim betreuten Jugendwohnen kommen 9 der 14 Befragten zu einem positiven Gesamturteil.

(Forschungsprojekt JULE, 1998)

2.3.3 Untersuchungen der Planungsgruppe Petra

Zur ‚Analyse von Leistungsfeldern in der Heimerziehung' (Planungsgruppe PETRA, 1987) wurden acht verschiedene Heimeinrichtungen in verschiedenen Bundesländern evaluiert. Die Evaluation erfolgte anhand von Befragungen, Aktenanalysen und Beobachtungen sowohl einzelfallbezogen (bei 30 genauer untersuchten ‚Fallkindern'), als auch auf die Organisation bezogen.

Bei 28 der 30 Fallkinder wurde eine ‚Leistungsanalyse' durchgeführt, indem

1. das Problemverhalten des Kindes festgehalten wurde,
2. festgestellt wurde, welche Maßnahmen in Bezug auf verschiedene Problembereiche unternommen wurde,
3. ein ‚Maßnahmen-Soll' entwickelt wurde und
4. eine Leistungszurechnung erstellt wurde, bei der betrachtet wurde, inwieweit Beiträge des pädagogischen Teams oder der Organisation mit der Erreichung des ‚Maßnahmen-Solls' in Zusammenhang standen und
5. Vorschläge zu möglichen Veränderungen gemacht wurden.

Wingert (1987) kommt bei der Leistungszurechnung zu folgenden Befunden:

- Bei etwa gleich vielen Fällen von Problemen der Kinder und Jugendlichen kann von positiven und negativen Ansätzen ausgegangen werden.
- Elternarbeit wird nicht oder nur schlecht geleistet.
- Besonders die Beiträge, die von Seiten der Organisation kommen müssten (z.B. Beiträge zur Elternarbeit, der Therapie oder organisatorische Leistungen im engeren Sinne, wie z.B. Beurlaubungsregeln) fehlen oder sind nur unzureichend.

Die Planungsgruppe PETRA untersuchte von 1987-1990 Bestand, Entwicklung und Leistungsmöglichkeiten von Tagesgruppen (Planungsgruppe PETRA, 1992). Hierbei wurden schriftliche Befragungen zur empirischen Klärung des Bestandes an Tagesgruppen und eine Felduntersuchung in acht ausgewählten Tagesgruppeneinrichtungen durchgeführt.

Bei einer Zufriedenheitsbefragung der Eltern zu drei verschiedenen Untersuchungszeitpunkten gaben zu den ersten zwei Untersuchungszeitpunkten ca. 80% und zum dritten Zeitpunkt sogar über 90% an, mit der Arbeit der Tagesgruppe zufrieden oder sehr zufrieden zu sein. Auch die LehrerInnen und JugendamtsmitarbeiterInnen, die zum dritten Erhebungszeitpunkt befragt wurden, drückten zu 80% ihre Zufriedenheit mit der Tagesgruppenarbeit aus.

Um bei den Fallkindern den Grad der ‚Zielerreichung' zu bestimmen, wurde ein recht komplexer Fragebogen entwickelt. Die MitarbeiterInnen sollten für jedes der untersuchten Fallkinder bis zu fünf Probleme nennen und diese nach ihrer Wichtigkeit einstufen. Jedes dieser genannten Probleme sollte dann von den MitarbeiterInnen in fünf operationalisierte Zielerreichungsstufen eingeteilt werden. Danach sollten die MitarbeiterInnen den Zielerreichungsstand für die einzelnen Untersuchungsphasen bei jedem Fallkind bewerten. Zusätzlich wurden die Einstufungen auch von den gruppenübergreifenden MitarbeiterInnen, den Eltern, den LehrerInnen der internen Schule und den BeobachterInnen vorgenommen.

Bei 19 von 22 Fallkindern zeigte sich eine Verbesserung vom ersten zum dritten Untersuchungszeitpunkt, bei den anderen drei Fallkindern eine Verschlechterung.

Zusammenfassend kann gesagt werden, dass alle drei großen Studien die Beurteilung der Eltern kaum berücksichtigen. In der Jugendhilfe-Effekte-Studie bekommen die Eltern zwar auch einen Fragebogen zum Ausfüllen, in erster Linie interessieren hier aber objektiv erhobene Daten. Weder aus der JULE noch aus der PETRA-Studie sind Standardinstrumente hervorgegangen. Bei der JES-Studie wurde teilweise auf bestehende Fragebögen zurückgegriffen, teilweise neue entwickelt. Ob sich hiervon etwas als Standardinstrument durchsetzen kann oder ob sich die Datenerhebung nicht als zu zeitaufwendig für Einrichtungen außerhalb des Forschungsprojekts zeigt, bleibt abzuwarten. Da bisher die Validierung des Fragebogens zur Erfassung der Elternzufriedenheit nicht angesprochen wurde, ist kaum davon auszugehen, dass dieser auch weiterhin vermehrt eingesetzt wird.

Die verschiedenen Untersuchungen zeigen, dass es innerhalb der Jugendhilfeleistung zu signifikanten Verbesserungen der Auffälligkeiten der Kinder kommt und dass die Maßnahmen in der Regel positiv beurteilt werden. Allerdings lassen sich durch die sehr unterschiedlichen Vorgehensweisen die Untersuchungen nur schwer miteinander vergleichen. Da keine Normen vorliegen, die angeben, in welchem Umfang eine Verbesserung der Auffälligkeiten durch Jugendhilfemaßnahmen zu erwarten sind und wie Maßnahmen in der Regel beurteilt werden, können die Ergebnisse nicht weiter eingeordnet werden. Dies zeigt noch einmal die Wichtigkeit, ein Standardinstrument zu entwickeln, das die Aspekte Struktur-, Prozess- und Ergebnisqualität abbildet und somit zum Vergleich zwischen verschiedenen Einrichtungen und Maßnahmen dienen kann.

3 INDIKATOREN DER QUALITÄT

3.1 Indikatoren der Strukturqualität

Empirische Untersuchungen darüber, was die Klientel sich von sozialen Einrichtungen wünscht, beziehen sich in der Regel auf institutionelle Rahmenbedingungen. Es ist für die Einrichtungen selber zwar interessant zu erfahren, inwieweit KlientInnen mit einzelnen Aspekten der Strukturqualität (z.B. Lage, Öffnungszeiten) zufrieden sind, andere Aspekte können die KlientInnen oft jedoch nur schwer beurteilen (z.B. fachliche Kompetenz der MitarbeiterInnen). Dadurch stellt sich die Frage, ob Strukturqualität wirklich durch die Eltern beurteilt werden sollte, oder ob dort nicht auf ‚objektivere' Daten zurückgegriffen werden sollte, um diese dann auch mit anderen Einrichtungen vergleichen zu können. Dies bedeutet nicht, dass auf einzelne Fragen verzichtet werden sollte, denn diese können Auskunft darüber geben, welche Aspekte der Strukturqualität den Eltern wichtig sind und wie sie diese bewerten.

Im Rahmen der Jugendhilfe Effekte Studie wurde ein Dokumentationssystem entwickelt, um die Strukturqualität von sozialen Einrichtungen beurteilen zu können (Holländer & Schmidt, 1997). Es dokumentiert anhand von 62 Items strukturelle Aspekte wie allgemeine soziographische/organisatorische Merkmale der (Gesamt)institution, Angebotsstruktur der Teilinstitution, Methodendifferenzierung, räumliche Umgebung und institutionelle Ausstattung, Zielklientel, Betreuungskapazität/Hilfedauer/Personalstellen, Qualifikation der Beschäftigten, Fortbildung/Supervision, Arbeitsvergütung, interne und externe Vernetzung, Planung/Dokumentation und Kontrolle der Arbeit sowie Kosten. Es ist als halbstandardisierter Interviewleitfaden konzipiert und wird mit der Leitungskraft der Einrichtung bei einem Zeitaufwand von ca. einer Stunde durchgeführt. Mittels einer Faktorenanalyse konnten sechs voneinander unabhängige Dimensionen von Strukturqualität gefunden werden: Angebotsqualität, Spezialisierungsgrad, Bedarfsorientierung, Zugangsebenen, Arbeitsreflexion und Misserfolgsmanagement (Macsenaere, 1999).

3.2 Indikatoren der Prozessqualität

Schneider, Schmidt und Hohm (1999) testeten mit Daten aus der Jugendhilfe Effekte Studie Modelle zur Prozessqualität. Sie fanden zwei unabhängige Faktoren: Partizipation und Hilfeprozess. Partizipation lässt sich abbilden anhand der Skalen zur Zufriedenheit, zur Kooperation und zum Konsens. Hilfeprozess gründet sich auf Planung/Dokumentation, Beteiligung der Eltern und ExpertInnen beim Planungsprozess sowie der Leistungserbringung.

Ein Verfahren, Prozessqualität subjektiv von den Beteiligten bewerten zu lassen, sind die Fragebögen zur Beurteilung der Behandlung (Mattejat & Remschmidt, 1998a). Die Skala ‚Prozess' misst die Qualität der Beziehung zum/zur TherapeutIn bzw. der Kooperation (Beziehungs- und Kooperationsqualität). In der Elternversion sollen die Eltern die Beziehung zum/zur TherapeutIn, die Einstellung zur Klinik und die allgemeine Zufriedenheit beurteilen (Mattejat & Remschmidt, 1995). Nach Mattejat und Remschmidt (1998a) sind die FBB in erster Linie für die Qualitätssicherung in kinder- und jugendpsychiatrischen Kliniken und verwandten Einrichtungen (psychologische und psychotherapeutische Praxen, Therapieheime, Erziehungsberatungsstellen, Heimeinrichtungen u.ä.) gedacht. Sie sind so konzipiert, dass sie bei allen Behandlungsmodalitäten (z.B. stationäre, teilstationäre und ambulante Behandlung) einsetzbar sind.

3.2.1 Die Selbstbestimmungstheorie

Die Selbstbestimmungstheorie wurde in den letzten drei Jahrzehnten von Deci und Ryan entwickelt. Sie ist eine Macro-Theorie, die sich mit Entwicklung und dem optimalen psychischen Funktionieren von Persönlichkeit in sozialen Kontexten beschäftigt. Die Theorie betrachtet, inwieweit menschliches Verhalten volitional oder selbstbestimmt ist.

Die Selbstbestimmungstheorie ist eine organismische und dialektische Theorie der menschlichen Motivation. Organismisch ist sie insofern, als sie vom Menschen als einem aktiven Organismus mit angeborenem Streben nach psychischem Wachstum und Entwicklung ausgeht, der danach strebt, Herausforderungen zu überwinden und Erfahrungen zu integrieren. Dialektisch ist sie insofern, als sie annimmt, dass es dafür ständiger Unterstützung durch das soziale Umfeld bedarf. Das Umfeld kann das Bedürfnis nach Wachstum und Entwicklung unterstützen oder einengen.

Die SBT nimmt drei Grundbedürfnisse (s.u.) für eine gesunde Entwicklung und optimales psychisches Funktionieren an, die angeboren, universell und notwendig für Gesundheit und Wohlbefinden sind. Sie gelten also für alle Personen, unabhängig von Geschlecht, Gruppe und Kultur. Wenn die Bedürfnisse erfüllt werden, entwickeln sich die Menschen auf eine gesunde Art und Weise, werden die Bedürfnisse nicht erfüllt, kommt es zu Krankheiten und nicht-optimaler Entwicklung. Die ‚negativen Seiten' der Menschheit werden durch unerfüllte Bedürfnisse erklärt.

Die Selbstbestimmungstheorie besteht aus insgesamt vier Mini-Theorien, die sich mit unterschiedlichen Aspekten der Motivation befassen. Für den Bereich Jugendhilfe sind insbesondere die beiden Theorien entscheidend, die sich mit der Entstehung der extrinsischen Motivation befassen und den Zusammenhang zwischen Erfüllung der Grundbedürfnisse und psychischem Wohlbefinden untersuchen. Dies sind die Organismische Integrationstheorie und die Theorie der Grundbedürfnisse.

Die **Organismische Integrationstheorie** (Organismic integration theory, OIT) wurde 1985 von Deci und Ryan als eine Subtheorie der Selbstbestimmungstheorie vorgestellt. Sie arbeitet die verschiedenen Formen der extrinsischen Motivation heraus und bestimmt die Kontextfaktoren, die einen Einfluss darauf haben, ob das Verhalten internalisiert und integriert wird.

Wenn jemand versucht, bei einem anderen ein bestimmtes Verhalten hervorzurufen, so kann bei diesem die Motivation von Amotivation oder Unwille über passives Einverständnis bis hin zur aktiven persönlicher Verpflichtung reichen. Nach der Selbstbestimmungstheorie reflektieren diese unterschiedlichen Motivationsformen, inwiefern das gewünschte Verhalten internalisiert und integriert wurde. Die Selbstbestimmungstheorie postuliert, dass extrinsische Motivation stark im Grad der Autonomie variieren kann.

Amotivation entsteht, wenn Personen eine Aktivität nicht wertschätzen, sich nicht kompetent fühlen oder kein gewünschtes Ergebnis erwarten. Am anderen Ende der Dimension steht intrinsisch motiviertes Verhalten. Das Kontinuum zwischen Amotivation und intrinsisch motiviertem Verhalten wird durch die extrinsische Motivation abgedeckt. Diese reicht von external reguliert (Verhalten wird ausgeführt, um externalen Anforderungen zu entsprechen) über introjizierte Regulation (eine Regulation wird übernommen, aber nicht komplett als eigene angesehen, Verhalten wird z.B. ausgeführt, um die eigene Fähigkeit unter Beweis zu stellen) über Regulation durch Identifikation (das Verhalten wird für wichtig empfunden) bis hin zur integrierten Regulation (das Verhalten stimmt mit eigenen Werten und Bedürfnissen überein, wird aber im Gegensatz zur intrinsischen Motivation aufgrund der Ergebnisse statt aus purem Interesse durchgeführt). Das zugrundeliegende Kontinuum spiegelt die Autonomie wider. Studien im Lernbereich zeigen, je autonomer die extrinsische Motivation ist, desto mehr Engagement, und Leistungen, weniger Abbrüche, höhere Lernqualität und bessere Lehrerbeurteilungen werden gezeigt (z.B. Grolnick & Ryan, 1987). Im Gesundheitsbereich führt stärkere Internalisation zur besseren Compliance in Bezug auf Medikamente, Gewichtsreduzierung, Kontrolle der Glukosespiegel und in Bezug auf Teilnahme an Sucht-Programmen. Auch in anderen Bereichen kann der Zusammenhang gezeigt werden. Stärkere Internalisation scheint somit mit größerer Effektivität des Verhaltens, stärkerer Beharrlichkeit, erhöhtem Wohlbefinden und stärkerer Integration in die soziale Gruppe einherzugehen (Ryan & Deci, 2000).

Da external motiviertes Verhalten von anderen Personen als wichtig erachtet wird, liegt die Vermutung nahe, dass es stark von der sozialen Eingebundenheit abhängt. Ebenso sollte Kompetenzunterstützung die Internalisation erhöhen. Von ebenfalls sehr hoher Wichtigkeit ist die Autonomie. (Ryan & Deci, 2000) Diese Annahmen konnten z.B. in Laborexperimenten (Deci, Eghrari, Patrick & Leone 1994) bestätigt werden. Grolnick und Ryan (1989) fanden eine stärkere Internalisierung von schulbezogenen Werten bei den Kindern, deren Eltern Autonomie und soziale Eingebundenheit unterstützten. Keine Unterstützung der Bedürfnisse von Autonomie, Kompetenz und sozialer Eingebundenheit führen hingegen zur Entfremdung und Unwohlsein (non-wellbeing).

Die **Theorie der Grundbedürfnisse** (Basic needs theory, BNT) beschäftigt sich zum einen genauer mit den drei Grundbedürfnissen, die in allen Subtheorien auftauchen und sowohl bei intrinsisch als auch extrinsisch motiviertem Verhalten eine Rolle spielen. Sie sollen an dieser Stelle näher erläutert werden.

Autonomie: Die Selbstbestimmungstheorie geht davon aus, dass der Mensch eine universelle Tendenz zur Selbstorganisation hat. Autonomie ist eine Erweiterung dessen und meint die Neigung zur Selbstregulation von Verhalten und den Zusammenhang mit den Verhaltenszielen der Person. Auf der phänomenologischen Seite zeigt sich Autonomie in Integrität, Volition und Vitalität, welche selbstreguliertes Verhalten begleiten.

Kompetenz: Das Bedürfnis nach Kompetenz zeigt sich meistens in intrinsisch motiviertem Verhalten und spornt kognitive, motorische und soziale Entwicklung an. Diese generelle Tendenz entwickelt sich in Richtung von Aktivitäten, die wichtig sind für das Überleben und die soziale Interaktion. Wenn Personen nicht des Lernens wegen lernen, ist es unwahrscheinlicher, dass sie sich mit ihren Fähigkeiten beschäftigen, um neue Fertigkeiten zu entwickeln. Somit würden sie schlechter auf neue Situationen und Ansprüche in der Welt vorbereitet sein.

Soziale Eingebundenheit: Der Mensch hat seine eigene Ausdrucksform des Bedürfnisses nach sozialer Eingebundenheit, das sich zu unterschiedlichen geschichtlichen Zeitpunkten und in verschiedenen Kulturen auf unterschiedliche Weise zeigt. Das Bedürfnis selbst ist jedoch universell. Das Bedürfnis nach sozialer Eingebundenheit, also das Bedürfnis nach Integration des Individuums in ein größeres soziales Ganzes, kann mit dem Bedürfnis nach Autonomie, also nach individueller Integration in Konflikt geraten. Unter optimalen Bedingungen ergänzen sich die Bedürfnisse jedoch und sind nicht antagonistisch.

Die Theorie der Grundbedürfnisse beschäftigt sich weiterhin mit dem Zusammenhang zwischen der Erfüllung der drei Grundbedürfnisse und psychischer Gesundheit bzw. Wohlbefinden.

Hierzu gibt es mehrere empirische Untersuchungen. So konnten z.B. Kasser und Ryan (1999) zeigen, dass bei Bewohnern eines Altersheims die Unterstützung von Autonomie und sozialer Eingebundenheit zu mehr Wohlbefinden führt. Baard, Deci & Ryan (1998) konnten zeigen, dass die Erfahrung von Angestellten von Autonomie, Kompetenz und sozialer Eingebundenheit am Arbeitsplatz zu mehr Leistung und Wohlbefinden bei der Arbeit führt (zitiert nach Ryan & Deci, 2000).

Andere Studien zeigen den Zusammenhang zwischen täglicher Erfüllung der Bedürfnisse und der davon abhängigen Variation des Wohlbefindens (z.B. Sheldon et al., 1997, zitiert nach Ryan & Deci, 2000).

Williams, Frankel, Campbell & Deci (2000) untersuchten den Zusammenhang zwischen beziehungsorientierter Pflege (Relationship-Centered Care) und gesundheitsbezogenen Ergebnissen. Zu beziehungsorientierter Pflege zählen sie:

- Verständnis der Patientenperspektive
- Berücksichtigung der Patientenbedürfnisse
- Teilen von ‚treatment relevant power' mit Patienten und Angehörigen
- Gegenteil: Ausüben von Kontrolle über Patienten und Angehörige

Autonomieunterstützung wird als wichtigster Faktor der ‚realtionship centred care' verstanden.

Sie konnten zeigen, dass Beziehungsorientierung bei Ärzten zu folgenden Ergebnissen führte:

- Höhere Patientenzufriedenheit
- Bessere Compliance bei Medikamenten
- Mehr Verhaltensänderungen
- Bessere körperliche und psychische Gesundheit
- Weniger Klagen gegen Fehlbehandlung

Die Autoren betrachten die Selbstbestimmungstheorie als ein Modell der menschlichen Motivation, das relevant ist, um den Zusammenhang zwischen beziehungsorientierter Pflege und der Motivation der Patienten, dem Verhalten, der Familiendynamik, der Gesundheit und dem Wohlbefinden zu verstehen.

Nach Williams, Frankel, Campbell und Deci (2000) belegen viele Studien die Hypothese, dass Autonomieunterstützung (bzw. Beziehungsorientierung) durch Ärzte zu mehr autonomer Motivation bei den Patienten führt. Dieses führt dann zu mehr Teilnahme an Programmen, Aufhören von Rauchen, Glukosekontrolle, ‚Langzeit'-Übungen, Gewichtsabnahme und Befolgen von ärztlichen Verschreibungen.

Natürlich ist es auch vorstellbar, dass Autonomie von Patienten dazu führt, dass Ärzte auf sie stärker in einer autonomieunterstützenden Weise reagieren. Obwohl die Beziehung wahrscheinlich bidirektional ist, deuten Untersuchungen darauf hin, dass Patienten auf Ärzte, die in einer autonomieunterstützenden Weise die Führung übernehmen, mit mehr aktiver Involviertheit und autonomer Motivation reagieren (vgl. Williams & Deci, 2000, zit. nach Williams, Frankel, Campbell & Deci, 2000).

Ryan & Solky (1996) konnten zeigen, dass soziale Unterstützung dann am effektivsten ist, wenn der Patient sie als autonomieunterstützend wahrnimmt, d.h. wenn er das Gefühl hat, dass die anderen seine Perspektive verstehen, ihm zu hören und ihm Wahlmöglichkeiten geben.

Andere Studien zeigen, dass negative Familieninteraktionen Effekte auf die Gesundheit und die Nutzung des Gesundheitswesens haben können, die evtl. über Jahrzehnte fortbestehen, und dass Autonomieunterstützung von Seiten des Arztes sogar in diesen schwierigen Fällen einen positiven Einfluss haben kann (Morse, Suchman & Frankel, 1997).

3.2.2 Selbstbestimmungstheorie und Jugendhilfe

In der Jugendhilfe selbst wurde die Selbstbestimmungstheorie noch nicht untersucht, dafür aber in vielen verwandten Bereichen, wie im Gesundheits- und schulischen Bereich.

William, Frankel, Campbell und Deci (2000) nennen drei Vorteile, die Selbstbestimmungstheorie heranzuziehen, um den Zusammenhang zwischen beziehungsorientierter Pflege und Ergebnis zu untersuchen.

1. Paradigmen der Theorie und psychometrische Instrumente sind gut validiert und können gut auf die Patienten – Arzt Interaktion adaptiert werden.
2. Zahlreiche Labor- und Feldstudien belegen einen Zusammenhang zwischen ‚Autoritätspersonen', die sich autonomieunterstützend verhalten und Individuen, die selbstmotivierter sind und somit u.a. auch zufriedener und psychologisch gesünder.
3. Die Theorie hat eine große Bandbreite (broad in scope) und somit können unterschiedliche Phänomene betrachtet und Vorhersagen für unterschiedliche Settings gefunden werden.

Diese Vorteile können auch für Untersuchungen im Bereich der Jugendhilfe genutzt werden. Nach der Selbstbestimmungstheorie müsste die Erfüllung der Prozessvariablen Autonomieunterstützung, Kompetenzunterstützung und soziale Eingebundenheit zu einer Erhöhung der Ergebnisvariablen führen. Da die MitarbeiterInnen der Tagesgruppe sowohl mit den Eltern, als auch mit den Kindern arbeiten, ist dies über zwei Wege denkbar (vgl. Abbildung 1):

1. Wenn die Eltern durch die MitarbeiterInnen Autonomieunterstützung, Kompetenzunterstützung und soziale Eingebundenheit erfahren, müssten nach der OIT die Bedingungen erfüllt sein, um Anregungen und Tipps aus der Elternarbeit zu internalisieren und Veränderungen selbstbestimmt und autonom motiviert umzusetzen. Zusätzlich müsste sich die Erfüllung der Grundbedürfnisse der Eltern nach der BNT positiv auf ihr Wohlbefinden auswirken. Beides sollte Einfluss auf das Erziehungsverhalten der Eltern haben und somit Ergebnisvariablen wie Symptomreduktion und Steigerung der Lebensqualität beim Kind, Verminderung von Belastung und Zufriedenheit mit der Maßnahme beeinflussen.

2. Es ist davon auszugehen, dass MitarbeiterInnen, die den Eltern die Erfahrung von Autonomieunterstützung, Kompetenzunterstützung und soziale Eingebundenheit ermöglichen, diese Erfahrungen auch den von ihnen betreuten Kindern ermöglichen. Dadurch sollte auch bei den Kindern zum einen die Bedingungen erfüllt sein, die eine höhere Motivation und aktivere Mitarbeit ermöglichen (OIT) und zum anderen sollte sich die Erfüllung der Grundbedürfnisse positiv auf das Wohlbefinden des Kindes auswirken (BNT). Beides sollte wiederum Symptomreduktion und eine Steigerung der Lebensqualität bewirken und somit auch zu einer Entlastung in der Familie und einer positiven Beurteilung der Maßnahme durch die Eltern führen.

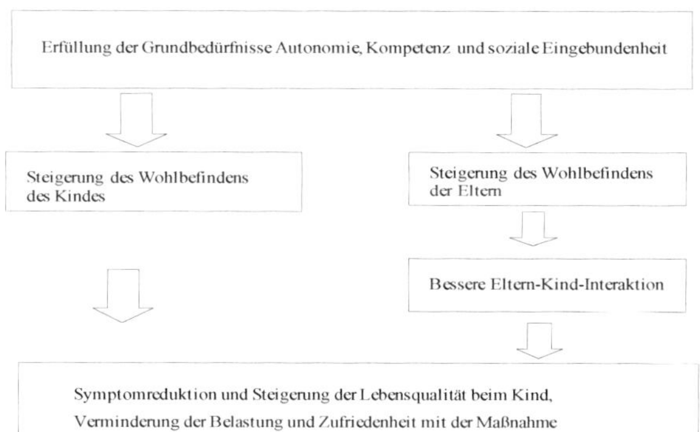

Abb. 1: Zusammenhang zwischen Prozess und Ergebnisvariablen

3.3 Indikatoren der Ergebnisqualität

Ergebnisqualität ist der am meisten beachtete Aspekt der Qualität. Doch selbst hier gibt es keinen allgemeinen Konsens darüber, welche Indikatoren auf eine positive Ergebnisqualität hinweisen. Katschnig (1998) kritisiert, dass zur Ergebnisqualität medizinischer Interventionen in vielen Bereichen noch immer an reinen Gesundheitsindikatoren (z.B. Symptomfreiheit) festgehalten wird und dass die Lebensqualität als Outcome-Kriterium noch kaum berücksichtigt wird. Nach Bullinger (1998) hat sich in den letzten Jahren ein Paradigmenwechsel insofern vollzogen, dass nicht mehr allein die Veränderung der klinischen Symptomatik oder die Verlängerung des Lebens, sondern die Art und Weise, wie erkrankte Menschen ihren Gesundheitszustand erleben, als Bewertungskriterium an Bedeutung gewinnt. Spöhring und Hermer (1998) zählen Patientenzufriedenheit, Zustandsänderung, Lebensqualität und Angehörigenzufriedenheit zu den entscheidenden Dimensionen der psychiatrischen Ergebnisqualität.

Nach Leimkühler und Müller (1996) ist in der Evaluation medizinischer Versorgung das subjektive Urteil des Patienten als Outcomevariable bzw. als Qualitätskriterium bedeutsam geworden.

Dies deutet darauf hin, dass im medizinischen und psychiatrischen Bereich dazu übergegangen wird, das Ergebnis mehrdimensional zu erfassen. Nach Spöhring und Hermer (1998) ist psychiatrische Ergebnisqualität als ein mehrdimensionales latentes Konstrukt anzusehen, das sich wahrscheinlich nicht ausreichend auf ein oder zwei empirisch messbare Indikatorvariablen reduzieren lässt. Auch in der Jugendhilfe gibt es Forderungen, Ergebnisqualität nicht nur auf eine Art zu erfassen. Darüber, welche Aspekte zur Ergebnisqualität zählen, gibt es allerdings keinen Konsens. Auch die Beziehung der einzelnen Aspekte der Ergebnisqualität untereinander ist noch unklar.

3.3.1 Symptomreduktion

Symptomreduktion wird insbesondere im medizinischen und psychotherapeutischen Bereich als das wichtigste Erfolgskriterium (oder zumindest eines der wichtigsten Kriterien) angesehen. Nach Schulte (1993) wird diese Zielsetzung von gesellschaftlicher und gesundheitspolitischer Seite vorgegeben. Göllner (1983) fordert, dass unabhängig von den im einzelnen angestrebten Zielen, der Bezug zur Gesundheit niemals aufgegeben werden darf. Nach Enke (1977) muss für die Therapie ‚festgestellt bleiben, dass es immer, wenn auch auf noch so indirektem Wege um die Beseitigung von Krankheit geht' (zit. nach Göllner, 1983, S. 95).

Die Symptome des Kindes sind meistens die Ursache, weshalb sich Eltern an das Jugendamt wenden, bzw. weshalb von außen Druck auf die Eltern ausgeübt wird. So ist die Reduktion der Symptome auch ein Ziel der Maßnahmen der Jugendhilfe.

Zur Messung von Symptomreduktion gibt es zahlreiche objektive Verfahren. Für Kinder und Jugendliche können symptomübergreifend z.B. die Child Behavior Checklist oder das Kinder-DIPS herangezogen werden. Für einzelne Symptome (z.B. Lese-Rechtschreibschwäche, Hyperaktivität) existieren weitere standardisierte Verfahren. Diese Untersuchungsverfahren werden als Wiederholungsmessung vor und nach der Therapie bzw. Maßnahme (und evtl. noch katamnestisch nach einer bestimmten Zeitspanne) eingesetzt. Ein wesentliches Problem besteht allerdings darin, dass diese Verfahren sehr aufwendig sind und deshalb in der Praxis nur bedingt eingesetzt werden können (Mattejat & Remschmidt, 1998a).

Besteht jedoch das Ziel, nicht nur die Zufriedenheit der Eltern zu erfragen, bietet es sich an, diese auch nach Veränderungen in der Symptomatik des Kindes zu fragen. Da viele Eltern gerade wegen der Symptome des Kindes an das Jugendamt herangetreten sind, ist es im Zuge der Forderungen nach mehr Einbezug der Eltern bzw. nach einer ‚Kundenorientierung' sinnvoll, die Eltern nach deren Einschätzung zu fragen.

Die einfachste Form dieses Erfolgskriteriums ist eine globale, retrospektive Schätzung der erreichten Veränderung am Ende der Maßnahme. Nach Frank und Fiegenbaum (1994) zeigen die Auswertungen von Fragebogen und Interviewdaten, dass sich die globalen Erfolgseinschätzungen deutlich sowohl in den symptomspezifischen als auch den symptomübergreifenden Werten widerspiegeln.

Das häufigste Kriterium zur Schätzung des Ausmaßes der erzielten Veränderung ist die Differenz zwischen Prätest-Wert (die Ausprägung der Symptomatik vor der Maßnahme) und dem Posttest-Wert (Ausprägung nach Maßnahmenende) (Schulte 1993). Hierbei ist der gemessene Wert am Ende der Maßnahme die Basis für die Erfolgsbeurteilung, der Prätest-Wert wird als Bezugswert eingesetzt. Eine andere Möglichkeit des Vergleichs stellt statt der Messung des Grads der Veränderung die Messung des Grads der Zielerreichung dar. Hier wird der Prätest-Wert mit einem vorher definierten Zielzustand in Verbindung gesetzt.

3.3.2 Steigerung der Lebensqualität

In den 20 Jahren ihres Bestehens hat sich die Lebensqualität laut Bullinger (1998) vom ‚esoterischen' Außenseiterthema zu einem nicht mehr wegdenkbaren Bestandteil der Evaluationsforschung in der Medizin entwickelt (S.61). Ab Ende der 70er Jahre wurde insbesondere bei der Evaluation von Programmen für chronisch psychisch Kranke gefordert, neben traditionellen Outcome-Maßen auch die Lebensqualität der KlientInnen zu berücksichtigen. Seitdem entwickelte sich das Forschungsfeld mit großer Dynamik (Lauer, 1998).

Eine besondere Bedeutung hat die Einbeziehung von psychischen und sozialen Aspekten z.B. in der Onkologie gewonnen, wo es offensichtlich ist, dass bei der Entscheidung über eingreifende Therapiemaßnahmen nicht nur die Überlebenszeit, sondern auch die Lebensqualität der Patienten berücksichtigt werden muss. Andere Anwendungsfelder sind körperliche Behinderungen oder chronische Erkrankungen, bei denen eine Heilung nicht möglich ist, sondern eine möglichst optimale Kompensation der Erkrankung angestrebt wird. Im psychiatrischen Bereich wurden Konzepte der Lebensqualität bisher im Vergleich zu anderen Disziplinen relativ wenige berücksichtigt; insbesondere bei Kindern wurden nur sehr wenige Studien durchgeführt (Mattejat & Remschmidt, 1998b).

Nach Bullinger (1998) ist zwar die Wahrung oder Verbesserung der Lebensqualität seit jeher Maxime ärztlichen Handelns; neu jedoch ist der Versuch, die Lebensqualität der Patienten nicht nur implizit im Arzt-Patient-Verhältnis zu berücksichtigen, sondern sie explizit als zu messendes Kriterium in die Wahl und Evaluation von Therapien einzubeziehen. Schmeck (1998) schätzt ein, dass bei der Verbesserung der Ergebnisqualität von kinder- und jugendpsychiatrischer Behandlung die Einschätzung der Lebensqualität ein zunehmend wichtigerer Aspekt der Ergebnisqualität werden wird.

Der Einbezug der Lebensqualität zur Qualitätssicherung kann nach Bullinger und Ravens-Sieberer (1995) dazu dienen zu untersuchen, inwieweit verschiedene Behandlungsstrategien unterschiedliche Effekte auf die gesundheitsbezogene Lebensqualität von Kindern haben, um bei entsprechender empirischer Verifikation die Strategien auswählen zu können, die für Gruppen von Kindern auch hinsichtlich der Lebensqualität die sinnvollen Strategien darstellen. Des weiteren kann betrachtet werden, wie medizinische Versorgung insgesamt als Konzept so gestaltet werden kann, dass sie mit vertretbarem Aufwand eine gute Qualität medizinischer Behandlung auch hinsichtlich der Lebensqualität garantiert.

Lauer (1998) stellt die Frage, ob sich durch die Berücksichtigung der Lebensqualität ‚der drohende Verlust von Individualität in Qualitätssicherungsprogrammen' vermeiden lässt (S. 576). Seiner Meinung nach konnte das ‚Heidelberger Modell der Aktiven Internen Qualitätssicherung' (vgl. Lutz, 1993; Lutz et al. 1994) empirisch zeigen, dass die Berücksichtigung der Lebensqualitätsdimensionen in der Qualitätssicherung einerseits die ‚ganzheitliche Welt- und Selbstsicht der Klienten' (S. 585) berücksichtigt und andererseits zu wissenschaftlich sinnvollen und fruchtbaren Ergebnissen führt.

Nach Katschnig (1998) ist Lebensqualität ein in vielen Zusammenhängen verwendeter Begriff, für den es heute noch keine eindeutige Definition gibt.

Seiner Meinung nach wäre es am besten, den Begriff ‚Lebensqualität' im Sinne einer Bezeichnung für ein ganzes Gebiet von Aspekten des menschlichen Lebens zu verwenden, das im wesentlichen mit der Erfüllung zahlreicher grundlegender Bedürfnisse zu tun hat. Er subsumiert unter dem Begriff Lebensqualität:

- die subjektive Zufriedenheit einer Person mit ihrer Lebensführung und ihren Lebensumständen,
- das objektive Funktionieren der Person in ihren sozialen Rollen und
- die Verfügbarkeit von externen Ressourcen wie z.B. die materiellen und finanziellen Rahmenbedingungen und die Möglichkeiten, soziale Unterstützung zu erhalten

(vgl. Mattejat & Remschmidt, 1998b).

Obwohl es keine einheitliche Definition für Lebensqualität gibt, gibt es doch eine relativ große Einigkeit darüber, dass ‚Lebensqualität' ein komplexes Konstrukt darstellt, das mehrere Dimensionen bzw. Ebenen umfasst. Wie diese Dimensionen theoretisch zu fassen sind und wie sie zu messen sind, wird wieder unterschiedlich gesehen. In vielen Vorschlägen wird (entsprechend der WHO-Gesundheitsdefinition) zwischen physischen, psychischen und sozialen Ebenen der Lebensqualität unterschieden. Viele Ansätze versuchen darüber hinaus, ein allgemeines bereichsübergreifendes Globalmaß der Lebensqualität zu ermitteln (Mattejat & Remschmidt, 1998b).

Nach Bullinger und Ravens-Sieberer (1995) besagt eine gängige Definition, dass unter gesundheitsbezogener Lebensqualität ein psychologisches Konstrukt zu verstehen ist, das die (1) körperlichen (z.B. körperliche Beschwerden, Mobilität, funktionale Ausdauer und Energie), (2) psychischen (z.B. Ausgeglichenheit, Abwesenheit von Depression, Ängstlichkeit, Reizbarkeit) und (3) sozialen Aspekte (Art und Anzahl sozialer Kontakte zu Familie, Freunde und Bekannten inklusive gemeinsame Aktivitäten) des Befindens sowie die (4) funktionale Kompetenz der Patienten, d. h. die Fähigkeit im Alltag anfallende Rollenanforderungen gerecht zu werden (z.B. Konzentration, Leistungsfähigkeit), beschreibt.

In der somatischen Medizin wird der Begriff ‚Lebensqualität' weitgehend mit dem subjektiven Wohlbefinden des Patienten gleichgesetzt, das zum einen durch die Krankheit beeinträchtigt sein kann, zum anderen durch die Behandlung verbessert, aber auch – aufgrund von Nebenwirkungen – wiederum gestört sein kann. Das subjektive Wohlbefinden kann nur durch den Betroffenen selbst beurteilt werden (Katschnig, 1998).

Lauer (1998) unterteilt das Konstrukt Lebensqualität in 1) objektive (Lebensstandard) und 2) subjektive (Lebenszufriedenheit) Indikatoren sowie 3) die Unterscheidung beider in einer Reihe von Lebensbereichen. Ähnlich unterscheiden Mattejat et al. (1998) bei der Lebensqualität zwei Aspekte: Einerseits die objektive Handlungs- und Funktionsfähigkeit und andererseits das subjektive Wohlbefinden bzw. die subjektive Zufriedenheit mit der eigenen körperlichen und psychischen Verfassung, Lebenssituation und Lebensführung.

Nach Mattejat et al. (1998) sind dies zwei grundlegend unterschiedliche Aspekte. So zeigen viele empirische Untersuchungen übereinstimmend, dass die beiden Grundaspekte nicht aufeinander reduziert werden können (geringe bis mäßige Korrelation). Das objektive Funktionsniveau kann am besten durch ‚externe' Beobachter (‚Außenperspektive') oder durch Indikatoren erfasst werden, die sich primär auf das beobachtbare Verhalten beziehen. Das subjektive Wohlbefinden bzw. die Zufriedenheit kann am besten durch Selbstbeurteilung des Patienten (‚Innenperspektive') erfasst werden. Bei der Einschätzung der Lebensqualität durch die Eltern werden nach Meinung der Autoren sowohl subjektive als auch objektive Aspekte erfasst (Mattejat et al., 1998).

3.3.3 Verminderung von Belastung

Eng mit der Lebensqualität verbunden ist die Belastung durch die Problematik. Mattejat et al. (1998) erfassen mit dem Inventar zur Erfassung der Lebensqualität bei Kindern und Jugendlichen (ILK) als zusätzliche Bereiche, die nur für erkrankte Personen relevant sind, Maße für die Belastung durch die aktuelle Erkrankung und für die Belastung durch diagnostische und therapeutische Maßnahmen.

Untersuchungen mit dem ILK zeigen, dass Eltern die eigene Belastung durch die Probleme der Kinder am ungünstigsten einschätzen, d.h. die Eltern geben an, dass sie sich selbst durch die aktuellen Probleme ihres Kindes stärker belastet bzw. beeinträchtigt fühlen als das Kind. Es folgt der Bereich Belastung des Kindes durch die aktuellen Probleme und erst dann die eigentlichen Maße des Bereichs Lebensqualität (Mattejat et al., 1998).

Die Beziehung zwischen psychisch kranken Kindern und ihren Familien bringt Belastungen in beide Richtungen mit sich. Die psychische Erkrankung eines Kindes führt zu erheblichen Belastungen sowohl bei den Eltern als auch bei den Geschwistern, so dass die Lebensqualität aller Familienmitglieder deutlich eingeschränkt sein kann (Schmeck, 1998).

Bullinger, Mackensen und Kirchberger (1994) erfassten bei ihren Untersuchungen zu dem Fragebogen zur Erfassung der gesundheitsbezogenen Lebensqualität von Kindern (KINDL) auch Belastungsfaktoren im häuslichen Bereich. Sie erfragten das Vorhandensein von Problemen, eines einschneidenden Lebensereignisses und der Motivation von Schulbesuch. Auf fast allen Subskalen des KINDL ergaben sich signifikante Unterschiede für die Belastungsfaktoren. So gehen persönliche Belastungsfaktoren mit schulischen und familiären Problemen und einer Verschlechterung der Lebensqualität einher.

3.3.4 Zufriedenheit

Obwohl in vielen kleineren Studien im Bereich Jugendhilfe nach Zufriedenheit gefragt wird, gibt es hierzu kaum Forschung. Ein Bereich, indem das Konzept ausführlicher untersucht wurde, ist der Krankenhausbereich unter dem Stichwort ‚Patientenzufriedenheit'.

Nach Leimkühler und Müller (1996) ist das Konzept ‚Patientenzufriedenheit' zu einem eigenständigen Evaluationskriterium in der Jugendhilfe geworden. Wunschziel ist, Patientenzufriedenheit in Analogie zur Verbraucherzufriedenheit verwenden zu können. Nach Helmig (1998) lassen sich auf der Basis von Patientenzufriedenheit Verbesserungspotentiale realisieren und damit kann die Kundenorientierung gesteigert werden.

Leimkühler und Müller (1996) kritisieren, dass es trotz über 20 Jahre Forschung zur Patientenzufriedenheit an einer standardisierten änderungssensitiven Methodik, an einer theoretischen Fundierung sowie an kontrollierten Studien fehlt. Auch Spießl, Cording und Klein (1997) betonen, dass das Konstrukt der Patientenzufriedenheit nicht bzw. nicht ausreichend theoretisch fundiert ist und bisher noch keine Standardverfahren zur Erfassung der Patientenzufriedenheit entwickelt werden konnte. Aus diesen Gründen kommen Hunstein (1999) sowie Leimkühler und Müller (1996) zu dem Schluss, dass die Zufriedenheit von Patienten kein gültiger Indikator für die Qualität der Versorgung ist.

Obwohl Spießl, Cording und Klein (1997) auch die noch ungelösten theoretischen und methodischen Probleme betonen, führen sie doch weiter aus, dass durch die systematische Erfassung der Patientenmeinung im Qualitätssicherungsprozess Differenzen zwischen den institutionellen Zielvorstellungen sowie den Patientenerwartungen einerseits und der Krankenhauswirklichkeit sowie dem Patientenerleben andererseits erfasst werden können. Ihrer Meinung nach liefern Ergebnisse der Patientenbefragungen als gültige und ernstzunehmende Meinungsäußerungen einen Beitrag zur Beurteilung der Struktur-, Prozess- und Ergebnisqualität. Die differenzierten Ergebnisse der Patientenbefragungen könnten sowohl für den täglichen Umgang mit Patienten als auch für die Konzeption von Behandlungsstrategien und qualitätsverbessernden Maßnahmen relevant sein, wodurch möglicherweise auch die Behandlungscompliance verbessert werden könnte. Spieß, Cording und Klein (1997) fordern, dass nicht zuletzt deshalb standardisierte Patientenbefragungen grundsätzlich in Qualitätssicherungsprogramme von Krankenhäuser einbezogen werden sollten. Allerdings darf bei hohen Zufriedenheitsraten nicht davon ausgegangen werden, dass qualitätsverbessernde Maßnahmen nicht notwendig seien.

4 TAGESGRUPPEN ALS BEISPIEL DER ERZIEHUNGSHILFE

Das KJHG legt hauptsächlich fünf Leistungsbereiche fest:

1. Jugendarbeit, Jugendsozialarbeit und Angebote des erzieherischen Kinder- und Jugendschutzes
2. Förderung der Erziehung in der Familie
3. Förderung von Kindern in Tageseinrichtungen und Tagespflege
4. Hilfe zur Erziehung und ergänzende Leistungen
5. Hilfe für junge Volljährige und Nachbetreuung

(nach Petermann, Sauer und Becker, 1997)

Unter ‚Hilfe zu Erziehung und ergänzende Leistungen' ist eine sehr heterogene Gruppe von Angeboten zusammengefasst. Sie umfasst ambulante Hilfen (z.B. Erziehungsberatung und Erziehungsbeistandschaft), teilstationäre Hilfen (z.B. Tagesgruppen) und stationäre Hilfen (z.B. Heimerziehung). Tagesgruppen sind ein Teil dieses Spektrums der kommunalen Jugendhilfe. Kostenträger dieses Erziehungshilfeangebotes ist das Jugendamt. Als teilstationäres Angebot liegen sie in der Intensität der Hilfe zwischen ambulanten und stationären Hilfen.

4.1 Entwicklung der Tagesgruppenarbeit

Tagesgruppen entstanden Ende der 60er und Anfang der 70er Jahre innerhalb der Heimerziehung (Späth, 1994). Allerdings haben sich Tagesgruppen an den verchiedenen Entstehungsorten recht unterschiedlich entwickelt. So wurden innerhalb der Fachgruppe ‚Tagesgruppen' in der Internationalen Gesellschaft für erzieherische Hilfen (IGfH) über Jahre hinweg immer wieder erfolglos Versuche unternommen, einen Konsens über organisatorische und fachliche Standards für die Tagesgruppenarbeit herzustellen. Jedes Mal kam man zu der Einschätzung, dass die bestehenden Tagesgruppen so unterschiedlich seien, dass jeder Versuch, einheitliche Rahmenbedingungen z.B. bezüglich Mitarbeiterschlüssel und Gruppengröße oder fachlich konzeptionelle Standards festzulegen, die gewachsenen Vielfalt von Formen und Arbeitsweisen von Tagesgruppen einschränken oder beschneiden würde.

Ab Ende der 70er Jahre setzte eine geradezu stürmische Tagesgruppenentwicklung im gesamten Bundesgebiet ein. Erstmals offizielle Zahlen über die Verbreitung von Tagesgruppen brachte die Jugendhilfestatistik des Statistischen Bundesamtes zum Stichtag 1.1.1991. Danach gab es im gesamten Bundesgebiet 6 049 Tagesgruppenplätze, davon 103 Plätze in den neuen Bundesländern. Auf die alten Bundesländer bezogen, hatten die Tagesgruppen einen Anteil von ca. 13% der Heimplätze erreicht (Späth, 1994).

4.2 Merkmale der Tagesgruppen

Tagesgruppen können sowohl als ‚leicht aufgebesserte Horte' als auch als intensive, mit Ressourcen und Qualifikation gut ausgestattete und intensiv familienbezogene Maßnahmen verstanden werden (Lambach 1994). In der Untersuchung der Planungsgruppe Petra (1992) zeigte sich dann auch, dass es faktisch eine sehr breite Streuung gibt. Tagesgruppen mit größeren Gruppen, relativ geringer Personalausstattung und einer eher ausgeprägten Auffangfunktion für Kinder findet man ebenso wie Einrichtungen, die mit Ressourcen sehr gut ausgestattet sind, einzelfall- und zielorientiert arbeiten und die Familien in hohem Maße einbeziehen. Die Befunde zeigen, dass die beiden möglichen Funktionen von Tagesgruppenarbeit nicht gleichzeitig von einer Gruppe oder einer Einrichtung erfüllt werden können.

Nach Lambach (1994) sind die betreuten Familien häufig am Rande ihrer Erziehungskompetenz, Heimerziehung wird als Jugendhilfemaßnahme häufig erwogen und ihre Verhinderung ist nicht selten nur dann möglich, wenn nicht nur mit dem Kind intensiv pädagogisch gearbeitet wird, sondern auch die Kompetenz der Familie nachhaltig gestärkt wird. Daraus ergibt sich für das Gesamtprofil der Maßnahme, dass Tagesgruppenarbeit Familienarbeit ist, nicht Arbeit mit Kindergruppen, die durch Elternkontakte flankiert wird.

Lambach (1994) zählt folgende Aufgabe der Tagesgruppe auf:

- Abklärung der Situation des Kindes und der Familie in Zusammenarbeit mit dem Jugendamt; Wünsche und Motive der Betroffenen sollen berücksichtigt werden
- Ziele und Wege zur Zielerreichung werden geklärt und regelmäßig überprüft

- Zur Unterstützung und reflektierenden Begleitung gibt es gruppenübergreifende MitarbeiterInnen
- Gruppenpädagogik und einzelfallbezogene Vorgehensweisen müssen aufeinander abgestimmt sein und die relativ knappe Betreuungszeit muss effektiv genutzt werden.
- Spezifisch für die Tagesgruppenarbeit ist auch, dass man pädagogische und therapeutische Handlungsformen eng verbinden kann.

Nach Wendt (1994) gehört weiter zu den Aufgaben der Tagesgruppen:

1. den jungen Menschen einen wohnlichen und wirtlichen Aufenthalt,
2. eine mehr oder minder gut eingeteilte und erfüllte Zeit,
3. und ein Zusammensein, das ein gewisses Gruppenleben erzeugt, zu bieten,
4. sowie spezifische Aufgabenstellung für die Beteiligten.

1. Zu dem wohnlichen und wirtlichen Aufenthalt zählt Wendt: Gemütlichkeit, Aktivitätserwartungen (Spielraum, Wohnraum, Begegnungsraum und Rückzugsmöglichkeiten), Geborgenheit, Ordnung (man hält sich an Grundsätze, Außenbeziehungen, Kommen und Gehen und Beziehungen zu den Eltern sind in Inhalt und Form geordnet) und eine einbindende Kultur.

2. Das Zeitbudget muss Platz für anspannende und entspannende, für notwendige und freiwillige Aktivität lassen. Durch die begrenzten Öffnungszeiten behalten die Kinder und die Eltern einen großen Teil zur eigenen Verfügung.

3. Dem Zusammensein in der Gruppe kommt große Bedeutung zu. Die Probleme der Kinder sind zum großen Teil sozialer Natur. Für die beabsichtigte Verhaltensmodifikation kommt es darum ganz wesentlich auf die Art und Weise des Zusammenlebens, des Miteinanders in der Gruppe an. Damit dennoch individuelle Förderung zu ihrem Recht kommt, sind der Grad und die Richtung der Strukturierung des Geschehens passend zu wählen.

4. Um den Kindern dies ermöglichen zu können, kommen folgende Aufgaben auf die MitarbeiterInnen zu:

- auf der sensorischen Ebene: Ruhe, Überschaubarkeit, etc.

- auf der psychophysischen Ebene: Ausgewogenheit von Anregung und Entspannung
- auf der Ebene der sozialen Organisation: Rollenverteilung in der Gruppe
- auf der kulturellen Ebene: Vermittlung von Normen, Werten und Alltagsregeln

4.3 Statistik der Tagesgruppen

Die Tagesgruppe ist ein Angebot, welches sich in erster Linie an Kinder im Grundschulalter richtet. Das Durchschnittsalter der Kinder liegt in der Jule-Studie bei den Mädchen bei 8 Jahren 9 Monate und bei den Jungen bei 9 Jahren und 6 Monaten. Das Angebot wird von Jungen häufiger in Anspruch genommen als von Mädchen. In der JES-Studie sind es beispielsweise 24% Mädchen und 76% Jungen, in der Jule-Studie 30,6% Mädchen und 69,4% Jungen.

Die meisten Eltern der Tagesgruppenkinder sind alleinerziehend. Von den Tagesgruppenkindern, die an der JES-Studie teilnahmen, wachsen 33% bei ihren leiblichen Eltern auf, 43% bei einem alleinerziehenden Elternteil und 24% bei einem Elternteil mit einem neuen Lebenspartner. Die Tagesgruppenkinder haben im Durchschnitt 2,2 Geschwister.

Oft ist die Unterbringung in der Tagesgruppe nicht die erste Hilfeform, wobei ambulante Hilfen hier häufiger sind als stationäre. Die Petra Studie berichtet, dass 44% der Familie keine vorherige Hilfe hatten, 23% an einer Erziehungsberatung und 14% an einer sonstigen ambulanten Hilfe teilnahmen. 8% der Kinder waren vorher in einem Heim, 5% in einer Pflegefamilie und weitere 5% in einer Psychiatrie untergebracht.

Die häufigsten Gründe für eine Unterbringung in der Tagesgruppe sind Schulprobleme, Probleme im Erziehungsverhalten und auffälliges Sozialverhalten der Kinder. Nach der Petra-Studie lagen bei 90% der Kinder Schulprobleme vor, bei 82% der Eltern gab es Probleme im Erziehungsverhalten und auffälliges Sozialverhalten kam bei 70% der Kinder vor. Die Jule-Studie nennt als häufigste Problemlagen der Kinder Konzentrations- und Motivationsprobleme, Lern- und Leistungsrückstände, Entwicklungsrückstände, Vernachlässigung des Kindes, aggressives Verhalten, Kind als Opfer familiärer Kämpfe und Störungen der Eltern-Kind-Beziehung.

5 SPEZIFISCHE FRAGESTELLUNGEN

Die vorliegende Studie verfolgt zwei Hauptziele.

Im ersten Teil geht es um die Entwicklung und Evaluation eines Fragebogens zur Bewertung der Tagesgruppenarbeit durch die Eltern. Der Fragebogen soll sowohl Aspekte der Struktur-, Prozess-, und Ergebnisqualität berücksichtigen, und die Ergebnisqualität soll mehrdimensional erfasst werden. Bei der Entwicklung des Fragebogens soll theoriegeleitet vorgegangen werden, so dass Aussagen über Zusammenhänge möglich sind und geprüft werden können.

Der Fragebogen soll dann hinsichtlich seiner psychometrischen Eigenschaften untersucht werden. Neben der Betrachtung der Objektivität und Reliabilität des Fragebogens soll die Validität der Ergebnisvariablen überprüft werden.

Die Aspekte der Strukturqualität sollen in erster Linie den MitarbeiterInnen der Tagesgruppen konkrete Verbesserungsvorschläge der Eltern übermitteln. Wie in Kapitel 3.1 dargelegt, ist es für eine valide Erfassung der Strukturqualität sinnvoller, die Angaben zur Strukturqualität von der Einrichtung selbst zu erfassen. Hier interessiert jedoch, wie die Eltern einzelne Aspekte der Strukturqualität bewerten. Deshalb wird auf eine Validierung dieser Aspekte verzichtet und erst im zweiten Teil der Arbeit näher auf die Strukturqualität eingegangen.

Wie in Kapitel 3.2.2 dargestellt, liegt mit der Selbstbestimmungstheorie den Prozessvariablen eine Theorie zugrunde, deren Paradigmen und psychometrischen Instrumente gut validiert sind und die für verschiedene Situationen angepasst werden kann. Somit wird auch hier auf eine Validierung verzichtet. Allerdings kann die Selbstbestimmungstheorie herangezogen werden, um die Ergebnisvariablen zu validieren, da die Theorie zum einen gut abgesichert ist und da zum anderen Vorhersagen für die Ergebnisqualität getroffen werden können, die auf den Jugendhilfebereich übertragbar sind.

Zum Zusammenhang zwischen Selbstbestimmungstheorie und Ergebnisvariablen lassen sich folgende Hypothesen ableiten (vgl. Kap. 3.2.2): Je höher die wahrgenommene Autonomieunterstützung, soziale Eingebundenheit und Kompetenzunterstützung durch die MitarbeiterInnen, desto positiver beurteilen die Eltern auch verschiedene Aspekte der Ergebnisqualität (wie z.B. Symptomreduktion, Verbesserung der Lebensqualität, Verminderung von Belastung und Zufriedenheit). Die Bestätigung dieser Hypothesen geben einen Hinweis auf die Validität der Ergebnisvariablen.

Im zweiten Teil geht es um die Evaluation der Arbeit der Tagesgruppen mit Hilfe des Fragebogens. Hier ist anzunehmen, dass die Arbeit der MitarbeiterInnen sich positiv auf die Ergebnisqualität auswirkt.

Daraus lassen sich folgende Hypothesen ableiten: Es wird erwartet, dass die Eltern die Maßnahme positiv beurteilen und mit ihr zufrieden sind. Weiter wird angenommen, dass sich die Symptome des Kindes im Laufe der Tagesgruppenarbeit verringern, die eingeschätzte Lebensqualität des Kindes ansteigt und die Belastung sich reduziert.

Eine nähere Betrachtung der einzelnen Aspekte der Strukturqualität soll in diesem Teil den TagesgruppenmitarbeiterInnen Hinweise darauf geben, in welchen Aspekten sich die Eltern noch Verbesserungen wünschen.

6 DATENERHEBUNG

6.1 Durchführung

Für die Untersuchung wurden alle Eltern angeschrieben, deren Kinder im Juni 2001 oder in den beiden Jahren davor in einer der Tagesgruppen der Jugendhilfe Eckehardt waren. Ein weiteres Kriterium war, dass die Kinder mindestens drei Monate die Tagesgruppe besuchten. Insgesamt trafen diese Kriterien auf 81 Familien zu.

Diese Familien bekamen einen DIN-A5-Fragebogen mit einem Anschreiben und einem frankierten Rückumschlag zugeschickt. In dem Anschreiben wurde den Eltern der Zweck der Untersuchung erklärt, die Anonymität ihrer Antwort zugesichert und versucht, sie zur Teilnahme zu motivieren. Als Ansprechpartner für eventuelle Rückfragen waren sowohl die Untersuchungsleiterin als auch der Leiter der Tagesgruppe mit Namen und Telefonnummer angegeben. Die Eltern wurden darauf hingewiesen, dass sich die Untersuchungsleiterin nach ungefähr zwei Wochen bei ihnen melden würde, um sich zu erkundigen, ob es Unklarheiten gibt. Das Anschreiben wurde auf Briefbögen der Jugendhilfe Eckehardt gedruckt und von der Untersuchungsleiterin und dem Leiter der Tagesgruppe unterschrieben (vgl. Anhang A).

Da Bedenken bezüglich einer möglichen Überforderung der Eltern aufgrund der Länge und Art des Fragebogens bestanden, wurden erst einmal sechs Eltern, die per Zufall ausgewählt wurden, angeschrieben. Vier der Eltern schickten den Fragebogen innerhalb von zwei Wochen zurück. Daraufhin wurde angenommen, dass die Bedenken unbegründet waren und die restlichen 75 Fragebögen wurden verschickt.

Zwei Wochen nach der Verschickung wurden alle Eltern, deren Fragebogen bis zu diesem Zeitpunkt nicht eingegangen war, angerufen. Bei einem Teil der Eltern war der Fragebogen bereits abgeschickt und nur noch nicht angekommen, bei den anderen wurde noch einmal auf den Zweck der Untersuchung eingegangen. Bis auf eine Mutter erklärten alle, dass sie den Fragebogen noch ausfüllen und zusenden wollen. Zwei Mütter erklärten, dass sie mit dem Ausfüllen des Fragebogens überfordert seien und so wurde ihnen von der Untersuchungsleiterin angeboten, den Fragebogen gemeinsam auszufüllen. Dieses Angebot nahmen beide Mütter an. Allen Eltern, die telefonisch nicht erreichbar waren, wurde eine Erinnerungspostkarte zugesandt, auf der erneut die Telefonnummern für Rückfragen angegeben waren.

Für alle Familien wurden zusätzlich weitere Daten aus einer schon bestehenden Statistik erhoben. Dadurch sollte es den Eltern erspart werden, Fragen beantworten zu müssen, deren Antworten schon vorlagen, um somit den Fragebogen auch möglichst kurz zu halten. Zum anderen wurde es dadurch möglich zu untersuchen, ob sich die Kinder bzw. die Art der Tagesgruppenarbeit in Abhängigkeit vom Antwortverhalten der Eltern unterschieden.

6.2 Stichprobe

6.2.1 Beschreibung der TG-Eckardtsheim

Die Jugendhilfe Eckehardt ist ein Jugendhilfeverbund verschiedener stationärer, teilstationärer und ambulanter Hilfeformen innerhalb der Teilanstalt Eckardtsheim in den von Bodelschwinghschen Anstalten Bethel. Die Erziehungshilfe hat in der Teilanstalt Eckardtsheim der v. Bodelschwinghschen Anstalten Bethel eine bis in die Zwanziger Jahre zurückgehende Tradition.

Es gab in Eckardtsheim zeitweise drei sogenannte Fürsorgeerziehungseinrichtungen. Das Erziehungsheim "Haus Eckehardt" übernahm seit 1969 diese Funktion. Mit der Übernahme der Trägerschaft des Evangelischen Kinderheims "Haus Ibrügger" in Gütersloh entstand 1990 der Bereich Erziehungshilfen im Teilbereich Eckardtsheim.

Heute gliedert sich der Bereich Erziehungshilfen in:
- die Jugendhilfe Eckehardt (Bielefeld) und
- und die Jugendhilfe Gütersloh "Haus Ibrügger".

Der Bereich Erziehungshilfe hat sich zum Ziel gesetzt, Kindern, Jugendlichen und jungen Erwachsenen einen Lebensraum zu bieten, der ihnen Schutz, Förderung und Orientierung gewährt. Die Einrichtung hat Erfahrungen mit Kindern, Jugendlichen u. jungen Erwachsenen,

- denen Orientierung fehlt;
- denen Struktur im Alltag fehlt;
- deren Bedürfnisse nach Sicherheit und Geborgenheit nicht oder nicht ausreichend befriedigt wurden;

- die keine vertrauensvolle Beziehung zu Erwachsenen aufbauen konnten;
- die Gewalt erfahren haben;
- die durch andere erzieherische Hilfen nicht ausreichend gestützt und gefördert werden konnten;
- die perspektivlos sind (schulmüde, ‚Null-Bock', usw.);
- die konfliktträchtige, häufig nicht akzeptierte Lebensentwürfe für sich entwickelt haben.

Die einzelnen Teams werden durch Beratung, psychologische Betreuung und Supervision begleitet (http://www.bethel.de/Eheim/jugendhilfe/angebot_e.html, 01.02.2002).

Die Tagesgruppenarbeit gibt es im Bereich Erziehungshilfen Eckardtsheim seit 1984. Zum Zeitpunkt der Befragung umfasste dieses Angebot sechs Tagesgruppen in Bielefeld-Eckardtsheim, Bielefeld-Brackwede, Gütersloh und Halle-Kölkebeck, mit insgesamt 36 Plätzen für Kinder aus den Städten Bielefeld und Gütersloh, sowie aus dem Kreis Gütersloh.

In den Tagesgruppen werden jeweils sechs Kinder zwischen 6 und 14 Jahren (mit Ausnahme der Tagesgruppe Brackwede mit Jugendlichen zwischen 13 und 16 Jahren) von zwei pädagogischen Fachkräften betreut. Zusätzlich gibt es einen Zivildienstleistenden für den Fahrdienst und stundenweise eine Hauswirtschaftskraft.

Die einzelnen Gruppen sind konzeptionell auf verschiedene Altersgruppen abgestimmt. Von Montag bis Freitag werden die Kinder vom Schulschluss bis zum späten Nachmittag betreut. Zusätzlich finden verschiedene Wochenendaktivitäten, Ferienfreizeiten und Elternabende/-aktionen statt. Die Tagesgruppen sind grundsätzlich während der Schulzeit geöffnet. Zusätzlich findet in den Ferien eine 7- bis 10-tägige Gruppenfreizeit statt.

Die Kinder werden nach Schulschluss von dem Zivildienstleistenden der jeweiligen Gruppe abgeholt. Es gibt ein gemeinsames Mittagessen, sobald die Kinder in der Tagesgruppe sind. Nach dem Mittagessen machen die Kinder ihre Schulaufgaben. Hierbei ist jeweils eine Mitarbeiterin/ein Mitarbeiter mit drei Kindern intensiv beschäftigt. Die verbleibende Zeit des Nachmittags wird von den Kindern mit gemeinsamen, geplanten Aktionen oder mit freiem Spiel verbracht. Den Abschluss des Nachmittags bildet in der Regel die gemeinsame Teezeit. Danach werden die Kinder von dem Zivildienstleistenden nach Hause gefahren.

Die pädagogische Arbeit mit den Kindern ist der Kern der Tagesgruppenarbeit. Für jedes Kind wird ausgehend von seinen Bedürfnissen, Defiziten und Fähigkeiten ein individueller Hilfeplan erstellt. Dieser Diagnose entsprechend wird die pädagogische Arbeit mit dem Kind geplant. Die Arbeit beinhaltet sowohl gruppenpädagogische als auch verschiedene Formen der Einzelarbeit (z.B. motorische, erlebnispädagogische und spielpädagogische Einheiten, Einzelgespräche). Darüber hinaus gibt es einen engen Kontakt zur jeweiligen Schule.

Ein weiterer fester Bestandteil ist die Familienarbeit. Ein Schwerpunkt der Beratungsarbeit liegt darin, die Eltern zu befähigen, ihre Rolle angemessen und konstruktiv auszufüllen. Die Familienarbeit umfasst folgende Elemente:

- Hausbesuche durch einen/eine MitarbeiterIn (i.d.R. 14-tägig): Ziel der Hausbesuche ist es, die Eltern in Erziehungsfragen zu beraten und Konflikte in den Familien zu bearbeiten. Die Gespräche finden normalerweise mit allen Familienmitgliedern statt. Aus pädagogischen Überlegungen kann das Setting aber verändert werden (zwei MitarbeiterInnen führen den Hausbesuch durch, die Gespräche werden nur mit einem Teil der Familie geführt oder das Gespräch findet in den Räumen der Tagesgruppe statt).
- Familiensitzungen (ca. im 6-Wochen-Rhythmus) mit jeder Familie in der Tagesgruppe. Es nehmen immer zwei MitarbeiterInnen und nach Möglichkeit alle Familienmitglieder teil. Das veränderte Setting wird genutzt, um verstärkt kreative Elemente in die Familienarbeit einzuführen (z.B. Rollenspiel, Familienskulpturen, Malen).
- Spezielle Angebote an einzelne Familien wie z.B. Video Home Training (hierbei werden Ausschnitte aus dem Familienalltag auf Video aufgezeichnet und die Interaktionen anhand des Videomaterials von der Familie mit Unterstützung des/der MitarbeiterIn analysiert).
- Arbeit mit der Elterngruppe, wie z.B. regelmäßige Elternabende, gemeinsame Aktionen und Familienwochenenden.

Die Durchführung des sozialpädagogischen Auftrags der Tagesgruppen wird begleitet und qualifiziert durch den Psychologischen Dienst des Bereichs Erziehungshilfe. Je Tagesgruppe steht dafür ein Stellenanteil von 0,15 zur Verfügung. Schwerpunkt der Begleitung ist das wöchentliche Beratungsgespräch. Dies ist der Ort für:

- Supervision der Familienarbeit,
- Einzelfallsupervision,
- Erziehungsplanung,
- Teamberatung.

Darüber hinaus kann die psychologische Tätigkeit im Einzellfall
- die Durchführung oder Beteiligung an der Familienarbeit und
- die Durchführung von Einzelmaßnahmen mit Kindern beinhalten.

6.2.2 Beschreibung der Stichprobe

Im folgenden soll die Stichprobe anhand der Angaben der TagesgruppenmitarbeiterInnen näher beschrieben werden. Für alle Variablen wird untersucht, ob sich die Kinder bzw. Familien, die zum Zeitpunkt der Untersuchung noch von der Tagesgruppe betreut wurden, von denen unterscheiden, die zu diesem Zeitpunkt die Tagesgruppe schon verlassen hatten. Ebenso wird überprüft, ob sich die Art der Tagesgruppenarbeit für die oben genannten Gruppen verändert hat. Sofern signifikante oder tendenzielle Unterschiede festgestellt werden, werden diese im folgenden berichtet. Im Anschluss daran, sollen die Klientenmerkmale dieser Stichprobe mit denen von anderen Stichproben verglichen werden, um Rückschlüsse auf die Repräsentativität der Stichprobe ziehen zu können.

Von den 81 angeschriebenen Familien sind 28 Kinder zum Zeitpunkt der Befragung noch in einer der Tagesgruppen. Der Aufenthalt der Kinder in der Tagesgruppe beträgt 3 bis 27 Monate, der Mittelwert liegt bei 13.21. Die Anzahl der Familien, deren Kinder die Tagesgruppe schon verlassen hatten, beträgt 53. Sie sind zwischen 4 und 56 Monaten in der Tagesgruppe gewesen, der Mittelwert liegt hier bei 23.55 Monaten. Die Zeit zwischen dem Verlassen der Tagesgruppe und dem Verschicken des Fragebogens liegt zwischen 1 und 29 Monaten mit einem Mittelwert von 15.02.

Das Aufnahmealter der Kinder liegt zwischen 6 und 15 Jahren bei einem Mittelwert von 10.1 Jahren (S=2.16; N=81). 62 (76.5%) von ihnen sind Jungen, 19 (23.5%) Mädchen. Zum Zeitpunkt der Aufnahme lebte fast die Hälfte der Kinder mit einem alleinerziehenden Elternteil zusammen. Etwa ein Drittel der Kinder wuchsen mit beiden Elternteilen auf und etwa ein Fünftel in einer Stiefelternfamilie. Hier zeigt sich jedoch ein signifikanter Unterschied zwischen den Kindern, die zum Zeitpunkt der Befragung noch die Tagesgruppe besuchen und denen, die zu dem Zeitpunkt nicht mehr in der Tagesgruppe sind. (Chi^2=12.75; df=5; p=0.26) (vgl. Tabelle 6.1). Während diese Kinder etwa gleich häufig in einer Zwei-Eltern-Familie (39,6%) oder bei einem alleinerziehenden Elternteil (39,7%) aufwuchsen, so wachsen jene am häufigsten bei einem Elternteil auf (60,7%). Die Tagesgruppenkinder hatten zwischen 0 und 4 Geschwister, der Mittelwert liegt bei 1.4 (S=1.24; N=77).

Tabelle 6.1:
Familienzusammensetzung zu Beginn (Anzahl der Familien und Prozent)

	Kind aktuell in Tagesgruppe	**Kind nicht mehr in Tagesgruppe**	**Gesamt**
Zwei-Eltern-Familie	4 (14.3%)	21 (39.6%)	25 (30.9%)
Mutter alleinerziehend	17 (60.7%)	18 (34%)	35 (43.2%)
Vater alleinerziehend	0	3 (5.7%)	3 (3.7%)
Zusammengesetzte Familie	5 (17.9%)	10 (18.9%)	15 (18.5%)
Verwandte	2 (7.1%)	0	2 (2.5%)
Pflegefamilie	0	1 (1.9%)	1 (1.2%)
Gesamt	28 (34.57%)	53 (65.43%)	81 (100%)

Zum Zeitpunkt der Aufnahme in die Tagesgruppe gingen die meisten Kinder (40%) noch zur Grundschule. Mehr als ein Viertel der Kinder besuchte eine Sonderschule für Lernbehinderung und ca. mehr ein Achtel eine Sonderschule für Erziehungshilfe (vgl. Tabelle 6.3). Die Kinder besuchten eine Klassenstufe zwischen der ersten und achten Klasse (M=3.86; S=1.93; N=79). Hier besteht ein tendenzieller Unterschied zwischen den Kindern, die aktuell noch in einer Tagesgruppe sind und denen, die sie schon verlassen haben. (Chi^2=9.51; df=5; p=.09) (vgl. Tabelle 6.2). Während über die Hälfte der Kinder, die aktuell noch in der Tagesgruppe sind, bei Eintritt in die Tagesgruppe eine Grundschule besuchten, so waren es bei den Kindern, welche die Tagesgruppe schon verlassen haben, zum gleichen Zeitpunkt ca. ein

Drittel. Von den Kindern, die aktuell in der Tagesgruppe sind, besuchten zu Beginn der Tagesgruppe 21,4% eine Schule für Erziehungshilfe und 10,7% eine Lernbehindertenschule. Bei den Kindern, welche die Tagesgruppe verlassen haben, waren nur 9,6% auf einer Schule für Erziehungshilfe, dafür gingen aber mehr als ein Drittel auf eine Lernbehindertenschule. Sowohl die Kinder, die aktuell noch in einer Tagesgruppe sind, als auch die, welche die Tagesgruppe schon verlassen haben, gingen zu Beginn der Tagesgruppe seit 1 bis 8 Jahren zur Schule. (*M*=4.1; *S*=1.77; *N*=62).

Tabelle 6.2:
Schulform zu Beginn (Anzahl der Kinder und Prozent)

	Kind aktuell in Tagesgruppe	**Kind nicht mehr in Tages-gruppe**	**Gesamt**
Grundschule	15 (53.6%)	17 (32.7%)	32 (40%)
Hauptschule	3 (10.7%)	9 (17.3%)	12 (15%)
Realschule	1 (3.6%)	1 (1.9%)	2 (2.5%)
Schule für Erziehungs-hilfe	6 (21.4%)	5 (9.6%)	11 (13.8%)
Lernbehindertenschule	3 (10.7%)	19 (36.5%)	22 (27.5%)
Gesamtschule	0	1 (1.9%)	1 (1.2%)
Gesamt	28 (35%)	52 (65%)	80 (100%)

Von den 70 Müttern, deren Beruf bekannt ist, arbeiten 12 (17.1%) Mütter in einem un- bzw. angelernten Beruf, 29 (41.4%) in einem ausgebildeten Beruf bzw. Beruf mit Studium und 29 (41.4%) sind Hausfrau, Rentnerin oder arbeitslos. Von den 51 Vätern, deren Beruf bekannt ist, arbeiten 8 (15.7%) in einem un- bzw. angelernten Beruf, 38 (74.5%) in einem ausgebildeten Beruf bzw. Beruf mit Studium und 5 (9.8%) sind Hausmann, Rentner oder arbeitslos. Nach Einschätzung der MitarbeiterInnen kommt ca. die Hälfte der Familien aus der Unterschicht und jeweils ca. ein Viertel der Familien aus der untere Mittelschicht bzw. aus der Mittelschicht (vgl. Tabelle 6.3).

Tabelle 6.3:
Schichtzugehörigkeit der Familien nach Einschätzung der Tagesgruppenmitarbeiterlnnen (Anzahl der Familien und Prozent)

	Anzahl (Prozent)
Unterschicht	37 (46,8%)
Untere Mittelschicht	22 (27,8%)
Mittelschicht	19 (24,1%)
Obere Mittelschicht	1 (1,3%)
Gesamt	79 (100%)

In Bezug darauf, ob den Mitarbeiterlnnen eine psychische Erkrankung bekannt ist oder ob sie zumindest eine vermuten, gibt es einen tendenziellen Unterschied zwischen den Eltern der Kinder, die aktuell eine Tagesgruppe besuchen und denen, die früher eine Tagesgruppe besucht hatten (Chi^2=4.96; *df*=2; *p*=.09). Während damals bei 7,5% eine Erkrankung bekannt und bei 5,8% eine Erkrankung vermutet wurde, so ist bei den Eltern der Kinder, die aktuell in der Tagesgruppe sind, bei 21,4% eine Erkrankung bekannt und bei 10,7% wird eine vermutet (vgl. Tabelle 6.4).

Tabelle 6.4:
Psychische Erkrankung der Eltern (Anzahl der Familien und Prozent)

	Kind aktuell in Tagesgruppe	**Kind nicht mehr in Tagesgruppe**	**Gesamt**
Keine Erkrankung bekannt	17 (60.7%)	45 (86.5%)	62 (76.5%)
Erkrankung vermutet	3 (10.7%)	3 (5.8%)	6 (7.7%)
Erkrankung bekannt	6 (21.4%)	4 (7.5%)	10 (12.8%)
Gesamt	26 (33.33%)	52 (66.67%)	78 (100%)

Über die Hälfte der Familien (47 Familien, 59,5%) hatten vor der Tagesgruppe noch keine andere Hilfe in Anspruch genommen. Die von den restlichen 32 Familien in Anspruch genommenen Hilfen sehen wie folgt aus:

- 7 Familien (8.9%) besuchten eine Erziehungsberatung,
- 4 Familien (5.1%) nahmen eine Sozialpädagogische Familienhilfe und
- 3 Familien (3.8%) eine Erziehungsbeistandschaft in Anspruch.
- In 1 Familie (1.3%) suchte ein Elternteil therapeutische Hilfe auf,
- in 5 Familien (6.3%) wurde das Kind therapeutisch behandelt,
- bei 2 Kindern (2.5%) wurden Medikamente zur Behandlung der Verhaltensauffälligkeiten eingesetzt und

- 2 weitere Kinder (2.5%) erhielten motorische Förderung.
- 3 Kinder (3.8%) waren vor der Tagesgruppe in einem Heim oder einer Wohngruppe untergebracht,
- weitere 3 Kinder (3.8%) in einer Kinder- und Jugendpsychiatrie
- und 1 Kind (1.3%) in einer Pflegefamilie.

Als Aufnahmegründe nennen die MitarbeiterInnen in erster Linie auffälliges Verhalten (wie z.B. extremes Lügen, Stehlen oder Zündeln), gefolgt von Eltern-Kind-Konflikten, allgemeinen Lern- und Leistungsproblemen und aggressivem Verhalten. Tabelle 6.5 zeigt die Verteilung der Aufnahmegründe. 25 Kinder (32.1%) hatten nur einen Aufnahmegrund, 29 (37.2%) zwei und 24 (30.8%) drei verschiedene Aufnahmegründe.

Tabelle 6.5:
Aufnahmegründe nach Einschätzung der MitarbeiterInnen (Anzahl der Kinder und Prozent, Mehrfachnennungen möglich)

	Anzahl der Kinder (Prozent)
Auffälliges Verhalten (wie z.B. extremes Lügen, Stehlen oder Zündeln)	41 (52.6%)
Eltern-Kind-Konflikte	40 (51.3%)
allgemeine Lern- und Leistungsprobleme	26 (33.3%)
Aggressives Verhalten	11 (14.1%)
Sozial emotionale Schwierigkeiten	5 (6.4%)
Einnässen bzw. Einkoten	5 (6.4%)
Schulverweigerung	4 (5.1%)
Kontaktprobleme bzw. Schüchternheit	4 (5.1%)
auffälliges Verhalten in der Schule	4 (5.1%)
extreme Unruhe	3 (3.8%)
Konflikte mit dem Gesetz	3 (3.8%)
Mangelndes Selbstvertrauen	3 (3.8%)
Konzentrationsschwierigkeiten	1 (1.3%)
Lese-Rechtschreibschwäche	1 (1.3%)
Ängste	1 (1.3%)
Weitere Aufnahmegründe	3 (3.8%)
Gesamt	155 (bei 78 Familien) (100%)

Die Verteilung der Tagesgruppenkinder der befragten Familien auf die einzelnen Tagesgruppen sieht wie folgt aus: Jeweils 14 Kinder (17.3%) besuchen bzw. besuchten die Tagesgruppe 1 bzw. 2 in Eckartsheim, 12 Kinder (14.8%) die Tagesgruppe 1 und 13 Kinder (16%) die Tagesgruppe 2 in Gütersloh und jeweils 14 Kinder (17.3%) die Tagesgruppe in Kölkebeck bzw. in Brackwede.

Elternarbeit findet bzw. fand in den meisten Familien (70 Familien (87.5%)) regelmäßig im 14-tägigen Rhythmus statt. In einer Familie (1.3%) fand die Elternarbeit häufiger statt und in 8 Familien (10%) seltener. (*N*=79)

In 40 Familien (50%) finden bzw. fanden die Gespräche mit allen Erziehungsberechtigten statt, in 2 Familien (2.5%) mit zusätzlichem Video-Home-Training, in 21 Familien (26.3%) nur mit einem Teil der Erziehungsberechtigten. In 8 Familien (10%) gibt bzw. gab es sowohl Einzel- als auch Familiengespräche und in 5 Familien (6.3%) zusätzlich noch Video-Home-Training. In zwei Familien (2.5%) findet bzw. fand die Elternarbeit mit wechselnden Personen statt. (*N*=78)

Bei 70% der Familien gab bzw. gibt es parallel zur Tagesgruppe keine flankierenden Hilfen. Bei den verbleibenden 30% verteilen sich die Hilfen wie folgt:

- 3 Familien (3.8%) bekommen bzw. bekamen zusätzlich Unterstützung von der Sozialpädagogischen Familienhilfe.
- In weiteren 3 Familien (3.8%) nahm bzw. nimmt zumindest ein Elternteil und
- in 12 Familien (15%) das Kind therapeutische Hilfe in Anspruch.
- 3 weitere Kinder (3.8%) bekamen bzw. bekommen eine motorische Förderung und
- 1 Kind (1.3%) nahm zwischenzeitlich an einer Kur teil. (N=79)

Folgende Daten wurden für die Kinder erhoben, die zum Zeitpunkt der Erhebung die Tagesgruppe schon verlassen hatten.

Am Ende der Maßnahme besuchten noch 9 (11.3%) Kinder die Grundschule, 13 (16.3%) die Hauptschule, einer (1.3%) die Realschule, 9 (11.3%) eine Schule für Erziehungshilfe, 19 (23.8%) eine Lernbehindertenschule und ein Kind (1.3%) eine Schule für geistig Behinderte.

Als Grund für die Entlassung gaben die MitarbeiterInnen an:

- Zielerreichung bei 18 (36%) Kindern
- Auslaufen der Maßnahme bei 11 (22%) Kindern
- Mangelnde Mitarbeit der Eltern bei 7 (14%) Kindern
- Beurteilung der Hilfe als nicht ausreichend 7 (14%) Kindern
- Äußere Umstände bei 4 Kindern (8%)
- Verweigerung der Kinder bei 2 (4%) Kindern und
- Keine Erwartung von weiteren Veränderungen bei 1 (2%) Kind

(*N*=50).

In über der Hälfte der Fälle (29 Familien, 55.8%) geschah die Entlassung in Absprache mit Eltern, Tagesgruppe und Jugendamt. In weiteren 5 Fällen (9.6%) bestand eine Absprache zwischen Jugendamt und Tagesgruppe, in einem weiteren Fall (1.9%) zwischen Kind und Tagesgruppe und bei ebenfalls einem Fall (1,9%) ging die Entlassung von Eltern und Kind aus. Von den Entlassungen wurden weiterhin drei (5.8%) durch die Eltern initiiert, bei 13 (25%) Kindern sprach sich die Tagesgruppe für die Entlassung aus (*N*=53).

Die meisten der entlassenen Kinder (42 Kinder, 79.2%) gingen wieder in ihre Herkunftsfamilie zurück, zwei Kinder (3.8%) gingen zwar kurzfristig in die Familie zurück, wurden dann aber stationär untergebracht. Acht Kinder (15.1%) wurden direkt im Anschluss an die Tagesgruppe untergebracht und ein Kind (1.9%) kam im Anschluss an die Maßnahme in die Kinder- und Jugendpsychiatrie (*N*=53).

Nach Abschluss der Tagesgruppe gab es bei 32 (39.5%) Familien keine weiteren Hilfen, die Hilfen der 22 anderen Familien verteilten sich wie folgt:

- Erziehungsbeistandschaft bei 3 (3.7 %) Familien,
- Therapie bei 4 (4.9%) Kindern,
- motorische Förderung bei 1 (1.2%) Kind,
- schulische Förderung 2 (2.5%) Kindern,
- andere Hilfsmaßnahmen bei 2 (2.5%) Kindern,
- Unterbringung in einem Heim oder einer Wohngruppe bei 9 (11.1%) Kindern und
- Unterbringung in einer Pflegefamilie bei 1 Kind (1.3%)

Der Vergleich dieser Stichprobe mit den Stichproben der JULE-Studie, der PETRA-Studie und der JES-Studie zeigt in vielen Bereichen Ähnlichkeit. Die Stichproben sind zwar nicht in allen Variablen zu vergleichen, da die anderen

Studien nicht ausführlich über die erhobenen Variablen berichten. Oft unterscheiden sich auch die erhobenen Kategorien und die Art der Datengewinnung, so dass ein direkter Vergleich schwierig ist. Tabelle 6.6 stellt die vergleichbaren Angaben gegenüber.

Tabelle 6.6:
Vergleich von Klientenmerkmalen dieser Stichprobe mit denen anderen Stichproben

		Vorliegende Stichprobe	**Vergleichsstichprobe**	**Studie der Vergleichsstichprobe**
Alter (Durchschnitt)	Mädchen: Jahre;Monate Jungen: Jahre;Monate	9;8 10;7	8;9 9;6	JULE-Studie
Geschlechtsverteilung	Mädchen Jungen	23,5% 76,5%	24% 76%	JES-Studie
Familienzusammensetzung	2-Eltern-Familie alleinerziehender Elternteil Stiefelternfamilie Verwandte Pflegefamilie	30.9% 46,9% 18,5% 1.2% 1.2%	33% 43% 24% 0% 0%	JES-Studie
Anzahl der Geschwister (Durchschnitt)		1.4	2.2	JES-Studie
Vorherige Hilfen	Keine Erziehungsberatung Andere ambulante Hilfe Heimunterbringung Kinder- und Jugendpsychiatrie Pflegefamilie	59.5% 8.9% 25.5% 3.8% 3.8% 1.3%	44% 23% 14% 8% 5% 5%	PETRA-Studie
Aufnahmegründe	Auffälliges (Sozial-) Verhalten Eltern-Kind-Konflikte/Probleme im Erziehungsverhalten Allgemeine Lern- und Leistungsprobleme/ Schulprobleme	52.6% 51.3% 33.3%	70% 82% 90%	PETRA-Studie

Die deutlichsten Unterschiede zeigen sich bei den Aufnahmegründen. Die Unterschiede können darin begründet sein, dass bei den MitarbeiterInnen nicht einzelne Kategorien abgefragt wurden, sondern die Frage offen gestellt war und die Antworten nachträglich in Kategorien einsortiert wurden. Die drei Kategorien, die am häufigsten genannt werden, entsprechen den drei der Petra Studie. Ein weiterer deutlicher Unterschied ist die Besetzung der Kategorien ‚andere ambulante Hilfen' und ‚Erziehungsberatung' im Bereich ‚Hilfen'. Hier stellt sich die Frage, wie die Kategorien in der Petra-Studie vergeben wurden. Therapie und Förderung des Kindes werden in der vorliegenden Studie zu ‚andere ambulante Hilfen' gezählt, bei der Petra-Studie könnte dies auch unter Erziehungsberatung gefasst worden sein. Weiter fällt auf, dass die Kinder der Petra-Studie vor der Tagesgruppe häufiger fremduntergebracht waren (insgesamt 18% im Vergleich zu 8,9% in dieser Studie).

Die Unterschiede bezüglich des Alters (die Kinder in dieser Stichprobe sind im Schnitt etwas älter als die der JULE-Stichprobe) und der Anzahl der Geschwister (die Kinder dieser Stichprobe haben im Durchschnitt weniger Geschwister als die der JES-Studie) dürften kaum von Bedeutung sein.

6.3 Messinstrumente

6.3.1 Das Qualitätsbeurteilungssystem

In Zusammenarbeit mit Burckhardt (2002) wurde das Qualitätsbeurteilungssystem für Hilfen zur Erziehung (QuBuS) aus Elternsicht entwickelt. Dieses ist so konzipiert, dass es für verschiedene Formen der Erziehungshilfe angepasst werden kann. Angelehnt an den Fragebogen können auch Fragebögen für Kinder bzw. Jugendliche, MitarbeiterInnen und Jugendamt entwickelt werden. Um eine möglichst hohe Objektivität der Erhebung und der Auswertung zu gewährleisten, wurde ein strukturierter Fragebogen entwickelt.

Fragebögen haben gegenüber Interviews den Nachteil, dass man keine Kontrolle darüber hat, wie die einzelnen Fragen verstanden werden. Auch werden Eltern, die mit dem Lesen oder der deutschen Sprache Probleme haben, benachteiligt. Dem gegenüber stehen die Vorteile des Fragebogens, die in erster Linie in einer höheren Objektivität und Ökonomie liegen. Viele Eltern dürften es zudem vorziehen, anonym einen Fragebogen zu beantworten, anstatt mit einem/einer InterviewerIn die einzelnen Fragen durchzugehen. Deshalb wurde das QuBuS in der vorliegenden Studie den Eltern als Fragebogen zugesandt. Eltern, die sich mit der Bearbeitung überfordert fühlten, wurde angeboten, den Fragebogen gemeinsam mit der Untersuchungsleiterin auszufüllen.

Offene Antworten geben den Eltern die Möglichkeit, stärker auf ihren individuellen Fall bezogen zu antworten. Außerdem finden sich vielleicht noch Aspekte, die bei der Fragebogenentwicklung nicht berücksichtigt wurden. Sie haben allerdings den Nachteil, dass die Objektivität der Auswertung geringer ist und dass die Eltern eventuell nicht alle Aspekte berücksichtigen. Aus diesen Gründen wurden für das QuBuS geschlossene Fragen gewählt und den Eltern durch einzelne offenen Fragen die Möglichkeit gegeben, zusätzliche Anmerkungen zu machen.

6.3.2 Entwicklung des Qualitätsbeurteilungssystems

Bei der Entwicklung des Fragebogens wurde teilweise auf schon bestehende Fragebögen bzw. Skalen zurückgegriffen. Dies hat den Vorteil, dass für diese Skalen Vergleichs- bzw. Normstichproben zur Verfügung stehen und Angaben zur Reliabilität und Validität vorliegen. Für inhaltliche Aspekte, für die keine Instrumente zur Verfügung standen, wurden eigene Skalen entwickelt. Es wurde berücksichtigt, welche Aspekte bei anderen Befragungen erhoben wurden (z.B. Befragung der Jugendhilfe Eckehardt im Rahmen des Qualitätsdialoges vgl. Ebeling, 2001 und die Katamnese der pädagogisch psychologischen Beratungsstelle der Universität Bielefeld, vgl. Burckhardt 2002) und welche Aspekte für die MitarbeiterInnen der Tagesgruppen der Jugendhilfe Eckehardt und der pädagogisch-psychologischen Beratungsstelle der Universität Bielefeld von Interesse waren. Eine Vorversion des Fragebogens wurde an das Zentrum für Umfragen, Methoden und Analysen e.V. (ZUMA) verschickt und die einzelnen Fragen mit einer Mitarbeiterin des Zentrums telefonisch besprochen.

Ziel war es zum einen, ein Verfahren zu entwickeln, dass möglichst alle Aspekte der Hilfen zur Erziehung und der jeweiligen Klientel erfasst. So erfasst der Fragebogen Aspekte der Struktur-, Prozess- und Ergebnisqualität sowie Eingangsvoraussetzungen der KlientInnen. Berücksichtigt werden sollte jedoch auch, dass der Fragebogen nicht zu lang wird und somit ökonomisch bleibt. Aus diesem Grund wurden einzelne Frageblöcke entwickelt, die individuell zusammengesetzt und an die jeweilige Hilfeform angepasst werden können.

Das QuBuS besteht aus drei Teilen. Teil A bezieht sich auf die Zeit vor der Erziehungshilfe. Hier werden einige Daten zu den Eingangsvoraussetzungen der Klientel, wie Problemlage, Dauer und Intensität der Probleme und die Motivation zur Erziehungshilfe erhoben. Im Teil B sollen die Eltern die Erziehungshilfemaßnahme selbst beurteilen. Teil C bezieht sich auf den Zeitpunkt der Befragung. Hier wiederholen sich einige Fragen aus dem ersten Teil, so dass ein vorher – nachher Vergleich möglich ist. Innerhalb dieser Arbeit ist der Fragebogen komplett zu einem Zeitpunkt eingesetzt worden. Die einzelnen Teile können jedoch auch zu unterschiedlichen Zeitpunkten eingesetzt werden, nämlich Teil A vor der Maßnahme, Teil B und C am Ende der Maßnahme und Teil C evtl. ein weiteres Mal zur Katamnese eine bestimmte Zeit nach der Maßnahme.

Das so konstruierte Qualitätsbeurteilungssystem für Hilfen zur Erziehung wurde von Burckhardt (2002) für Erziehungsberatung spezialisiert (Modul ‚Erziehungsberatung aus Elternsicht' (QuBuS-EB-E)). Für diese Arbeit wurde das QuBuS auf Tagesgruppenarbeit spezialisiert (Modul: ‚Tagesgruppenarbeit aus Elternsicht', QuBuS-TG-E). Das QuBuS-TG-E liegt hier in zwei Versionen vor: Die eine Version ist für Eltern, deren Kinder aktuell noch in einer Tagesgruppe untergebracht sind, die andere Version für Eltern, deren Kinder die Tagesgruppe schon verlassen haben (vgl. Anhang B). Das QuBuS-TG-E wurde mit den MitarbeiterInnen der Tagesgruppen der Jugendhilfe Eckehardt ein weiteres Mal in Hinblick auf ihre Zufriedenheit mit den Fragen, eventuell fehlende Aspekte und ihre Einschätzung der Verständlichkeit diskutiert. Einen Überblick über die einzelnen Skalen gibt Abbildung 2 am Ende des Kapitels.

6.3.3 Skalen des QuBuS-TG-E

6.3.3.1Erfassung der Strukturqualität

Zur Erfassung der Zufriedenheit der Eltern mit einzelnen Aspekten der Strukturqualität wurde eine eigene Skala entwickelt. Hierbei wurden insbesondere die Interessen der MitarbeiterInnen der Tagesgruppen berücksichtigt, da dadurch direkte Verbesserungsvorschläge von den Eltern abgeleitet werden können. Die Strukturqualität ist sowohl für die Erfolgsabschätzung als auch theoretisch eher von untergeordneter Bedeutung.

Die Zufriedenheit sollte von den Eltern auf einer vierstufigen Skala (völlig unzufrieden, eher unzufrieden, eher zufrieden, völlig zufrieden) beurteilt werden (Fragen B12). Die Zufriedenheit mit der Anzahl von bestimmten Aspekten konnten die Eltern auf einer fünfstufigen Skala (zu wenig, eher zu wenig, genau richtig, eher zu viel, zu viel) beurteilen (Fragen B13).

6.3.3.2 Erfassung der Prozessqualität

Die Erfassung der Prozessqualität erfolgt theoriegeleitet nach der Selbstbestimmungstheorie von Deci & Ryan, um gleichzeitig Ansätze zur Validierung des Fragebogens zu haben. Zur Operationalisierung der Skalen Autonomie, soziale Eingebundenheit und Kompetenz wurden Items von bestehenden Skalen, die auf der Internetseite von Deci & Ryan (http://www.psych.rochester.edu/SDT/measures, 22.02.2001) veröffentlicht sind übernommen, übersetzt und für die Tagesgruppenarbeit angepasst. Vor jede Skala wurde ein Satz zur Einführung und Erläuterung ergänzt, die ursprünglich 7-stufigen Skalen wurden auf 5 Stufen reduziert und die einzelnen Stufen bezeichnet (trifft gar nicht zu, trifft eher nicht zu, teils teils, trifft eher zu, trifft völlig zu). Zur Auswertung der Skalen wird immer der Mittelwert über die einzelnen Items herangezogen.

Die Items stammen ursprünglich von folgenden Skalen:

- Kurzform des Health Care Climat Questionnaire (HCCQ)

  Der HCCQ wurde entwickelt, um die Einschätzung der ÄrztInnen durch die PatientInnen zu erfassen und untersucht die Autonomieunterstützung. Der HCCQ selbst besteht aus 15 Items, die Kurzform aus 6 Items. Es existieren auch Varianten des Fragebogens. Neben dem Health Care Climate Questionnaire gibt es den Learning Climate Questionnaire, den Work Climate Questionnaire und den Sport Climate Questionnaire, in denen für jede spezifische Situation die Items angepasst wurden. Der HCCQ oder Vorformen wurde bereits in zahlreichen Studien eingesetzt.

- Perceived Competence Skales (PCS)

  Die PCS besteht aus vier Items und ist das Instrument mit der höchsten Augenscheinvalidität (Deci & Ryan, 2001). Ähnlich wie der Climat Questionnaire wird die PCS der zu untersuchenden Situation angepasst. Varianten der PCS liegen z.B. für Diabetiker und für Lernsituationen vor.

- Skala soziale Eingebundenheit des Intrinsic Motivation Inventory (IMI)

  Das IMI ist ein mulidimensionales Instrument, dass mit einer Subskala auch intrinsische Motivation erfasst. Insgesamt besteht es aus 45 Items in sieben Subskalen. Die Skala soziale Eingebundenheit wird in Studien verwendet, in denen interpersonale Interaktionen vorkommen. Alle Items des IMI sind stabil über Aufgaben, Situationen und Settings. Ein Kriterium für die Zuordnung eines Items zu einer Subskala war eine Faktorladung von mindestens 0.6 für die Subskala und keine Ladung auf anderen Skalen über 0.4.

  Auch der IMI wurde schon für verschiedene Situationen angepasst, ohne dass dies die Reliabilität oder Validität beeinträchtigt hat. Auch kürzere Formen wurden bereits eingesetzt und haben sich als reliabel erwiesen.

- Basic Need Satisfaction in Relationship Scale (Bestandteil der Basic Psychological Needs Scales, BNS)

  Die Basic Psychological Need Scales sind ein Set von Skalen, von denen eine generell die Bedürfnisbefriedigung, andere die Bedürfnisbefriedigung in bestimmten Bereichen erfassen. Die eigentliche Skala hat 21 Items und erfasst die Erfüllung der Grundbedürfnisse Autonomie, Soziale Eingebundenheit und Kompetenz. Manche Skalen, z.B. auch die Basic Need Satisfaction in Relationship Scale, haben nur neun Items, drei für jedes Grundbedürfnis.

  Innerhalb des QuBuS werden die einzelnen Aspekte der Selbstbestimmungstheorie wie folgt erfasst:

1. Erfassung der wahrgenommenen Autonomieunterstützung

   Das QuBuS erfasst Autonomie mit sieben Items, die aus dem HCCQ und der BNS stammen. Zur Bildung eines Skalenwertes wurde für alle Eltern, die mindestens fünf Fragen beantwortet haben, über die Items hinweg der Mittelwert gebildet (Fragen B6).

2. Erfassung der wahrgenommenen sozialen Eingebundenheit

   Soziale Eingebundenheit erfasst das QuBuS mit sechs Items, von denen die meisten von der Skala Eingebundenheit des IMI und von der BNS stammen. Ein Skalenwert (=Mittelwert) wurde für alle Eltern gebildet, die mindestens vier Fragen beantwortet haben (Fragen B.7)

3. Zur Erfassung der wahrgenommenen Kompetenzunterstützung

   Zur Bildung des Skalenwertes werden sieben Items herangezogen, von denen mindestens fünf beantwortet sein müssen. Die Fragen der Skala stammen in erster Linie von PCS und BNS (Fragen B8).

Weitere Fragen zur Erfassung der Prozessqualität wurden von der Skala ‚Prozessqualität (Beurteilung des Behandlungserfolges)' der Fragebögen zur Beurteilung der Behandlung (FBB) übernommen (genauere Beschreibung der FBB s. u.). Da einige Fragen der Skala den Fragen von Deci & Ryan sehr ähnlich waren, wurden nur solche Fragen der Skala übernommen, die neue Aspekte erfassten. In der Originalversion besteht die Prozessqualitätsskala aus 14 Items, mit einer internen Konsistenz von 0.94. Für das QuBuS wurden sechs Items der Skala übernommen und auf Tagesgruppenarbeit angepasst. Drei der Items erfassen Gesamtzufriedenheit und werden hier nicht als Prozess-, sondern als Erfolgskriterium herangezogen (s.u.). Die drei Fragen, die auch hier zur Prozessqualität dazugezählt werden, betreffen Information über Sinn, Zweck und Verlauf der Maßnahme, Einverständnis mit den einzelnen Maßnahmen, ausreichender Einbezug in die Arbeit (Fragen B9.3, B9.6, B9.8). Sie bilden die Skala ‚Einbezug der Eltern in den Ablauf der Maßnahme'.

6.3.3.3Erfassung der Ergebnisqualität

Das QuBuS erfasst die Ergebnisqualität mehrdimensional. Die einzelnen Skalen können danach unterschieden werden, ob sie direkt oder indirekt erfasst werden und ob sie nach eher verhaltensnahen (nach beobachtbarem Verhalten) oder nach eher verhaltensfernen (nach Empfinden der Eltern) Aspekten fragen (vgl. Tabelle 6.7).

Tabelle 6.7:

Mehrere Dimensionen der Ergebnisqualität

	Direkte Messung	**Indirekte Messung**
Verhaltensnahe Kriterien	Veränderung	Symptomreduktion (in Bezug auf Problemausmaß, Problembereiche und Problemhäufigkeit)
Verhaltensferne Kriterien	Ergebnisbeurteilung Gesamtzufriedenheit	Lebensqualität Belastung

1. Veränderung

   Die Veränderungsmessung erfolgt im QuBuS mit einer einzelnen Veränderungsfrage, ohne nach verschiedenen Problemen zu trennen. Die Eltern sollen beurteilen, inwieweit sich die Situation verändert hat. Es gibt die Antwortmöglichkeiten deutliche Besserung, leichte Besserung, keine Veränderung, leichte Verschlechterung, deutliche Verschlechterung (Frage C6).

2. Ergebnisbeurteilung und Gesamtzufriedenheit

   Zur Beurteilung des Ergebnisses und der Gesamtzufriedenheit wurde die Elternversion der Fragebögen zur Beurteilung der Behandlung (FBB, Mattejat & Remschmidt, 1998a) herangezogen. Die Formulierung der Items wurde auf die Tagesgruppenarbeit angepasst. Das 5-stufige Rating mit den Bezeichnungen ‚überhaupt nicht/niemals', ‚kaum/selten', ‚teilweise/manchmal', ‚überwiegend/meistens', ‚ganz genau/immer' wurde beibehalten.

   Für die **Ergebnisbeurteilung** wurden alle sieben Items der Skala ‚Erfolg der Behandlung' übernommen. Nach Mattejat & Remschmidt (1998a) soll ein Skalenwert nur dann gebildet werden, wenn mindestens bei der Hälfte der diese Skala bildenden Items gültige Werte vorliegen. Hier wird ein strengeres Kriterium gesetzt, so dass mindestens fünf Items beantwortet sein müssen. Der Skalenwert wird wie auch bei den FBB vorgesehen über Mittelwertsbildung gebildet. Die interne Konsistenz der Skala liegt in der Normstichprobe für Angaben der Mutter bei 0.84 und für Angaben des Vaters bei 0.76. Die Retest-Reliabilität der Normstichprobe liegt bei einem durchschnittlichen Testwiederholungszeitraum von 17 Monaten bei der

Einschätzung durch die Mutter bei 0.55 und bei der Einschätzung durch den Vater bei 0.66 (vgl. Mattejat & Remschmidt, 1998a) (Fragen B9.1, B9.4, B9.5, B9.9, B9.10, B9.11, B9.12).

Zur Beurteilung der **Gesamtzufriedenheit** wurden 3 Items der FBB übernommen. In den FBB selbst werden diese zu der Prozessskala gezählt (s.o.), allerdings sind dies drei gängige Fragen, die in vielen Evaluationsstudien zur Beurteilung der Gesamtzufriedenheit eingesetzt werden. Es sind die Fragen nach genereller Zufriedenheit mit der Behandlung bzw. Maßnahme, ob sich die Eltern bei einem neuen Problem erneut an diese Einrichtung wenden würden und ob die Eltern die Einrichtung an Freunde und Bekannte empfehlen würden. Hier wird die Gesamtzufriedenheit nicht zu der Prozessskala gerechnet, sondern bildet eine eigene Skala. Der Mittelwert und somit der Skalenwert wird gebildet, wenn mindestens zwei der drei Items beantwortet sind (Fragen B9.2, B9.7, B9.13).

3. Symptomreduktion

Die Messung der Symptomreduktion erfolgt über jeweils drei Skalen (Problemausmaß, Problembereiche und Problemhäufigkeit) sowohl im Teil A des Fragebogens (Zeit vor der Tagesgruppe) und im Teil C (Zeitpunkt der Befragung). Zur Bestimmung der Symptomreduktion werden jeweils die Skalen aus Teil A und Teil C miteinander in Bezug gesetzt.

Die Skalen **Problemausmaß** (‚zu Beginn der Tagesgruppe' und ‚heute') bestehen aus einer Art Symptomcheckliste mit vierstufigem Rating (trifft gar nicht zu, trifft eher nicht zu, trifft eher zu, trifft völlig zu). Sie beinhalten 18 Probleme, die für Kinder, die in einer Tagesgruppe angemeldet werden, typisch sind. Die Eltern sollen die einzelnen Symptome jeweils auf einem vierstufigen Rating beurteilen. Um ein generelles Ausmaß der Probleme zu bestimmen, wird über Mittelwertsbildung ein Skalenwert gebildet, sofern mindestens 16 der 18 Symptome beurteilt wurden. Als letztes wird in einer offenen Frage nach anderen Problemen gefragt. Dies geht nicht in die Skalenbildung mit ein, sondern dient zur Überprüfung der Vollständigkeit der Skala. (Symptomreduktion wird bestimmt durch den Vergleich der Fragen A5 und C1).

Zur Beurteilung von möglichen **Bereichen**, in denen die Probleme auftreten können, wird nach Schule, Familie und Freizeit gefragt. Diese Bereiche sollen die Eltern wieder vorher und heute auf einem vierstufigen Rating (trifft gar nicht zu, trifft eher nicht zu, trifft eher zu, trifft völlig zu) einstufen. Es gibt erneut eine offene Frage, um sicher zu gehen, dass keine relevanten Bereiche vernachlässigt wurden. (Symptomreduktion wird bestimmt durch den Vergleich der Fragen A6 und C2).

Die **Problemhäufigkeit** wird jeweils mit einer Frage erfasst. Die Eltern sollen über alle Symptome hinweg beurteilen, wie häufig die Probleme sowohl vor der Tagesgruppe als auch heute auftreten. Als Antwortmöglichkeiten stehen ihnen ‚mehrmals täglich', ‚täglich', ‚mehrmals wöchentlich', ‚mehrmals monatlich' und ‚seltener' zur Verfügung (Symptomreduktion wird bestimmt durch den Vergleich der Fragen A10 und C5).

4. Lebensqualität und Belastung

Sowohl Lebensqualität als auch Belastung sollte von den Eltern wieder für die Zeit vor der Tagesgruppe und zum Messzeitpunkt eingeschätzt werden. Damit den Eltern die Beantwortung leichter fällt, wurden die Items des ILK (s.u.) mit ‚damals' oder ‚zurzeit' ergänzt.

Lebensqualität wird innerhalb des QuBuS mit dem Elternbogen des Inventars zur Erfassung der Lebensqualität bei Kindern und Jugendlichen (ILK, Mattejat et al., 1998) erfasst. Der ILK Elternbogen besteht aus sieben Fragen, die Schule, Familie, andere Kinder, Beschäftigung alleine, Gesundheit, Nerven und Laune und eine Gesamteinstufung umfassen. Die Items sollen auf einem fünfstufigen Rating (sehr gut, eher gut, teils teils, eher schlecht, sehr schlecht) beurteilt werden. Die statistischen Analysen für das Verfahren sind noch nicht abgeschlossen, allerdings weisen erste empirische Vergleiche zwischen einer poliklinischen und einer Schülerstichprobe darauf hin, dass mit dem ILK differenzierte und klinisch relevante Ergebnisse gewonnen werden können. In dieser Studie wird ein Skalenwert für die Lebensqualität dann gebildet, wenn mindesten fünf der Items beantwortet wurde. Dies geschieht wieder über Mittelwertsbildung (Veränderungen der Lebensqualität wird erfasst durch den Vergleich der Fragen A8.1-A8.7 mit den Fragen C4.1-C4.7).

Zwei der Fragen zur **Belastung** stammen ebenfalls aus dem ILK und zwar aus den Zusatzfragen des Elternbogens. Ergänzt wurden die Fragen über Belastung des Kindes und der Eltern mit der Frage nach Belastung der

Familie. Die Eltern sollen die Items auf einem fünfstufigen Rating (überhaupt nicht belastet, wenig belastet, mäßig belastet, stark belastet, sehr stark belastet einstufen). Ein Mittelwert wird dann als Skalenwert gebildet, wenn mindestens zwei der Items beantwortet sind (Veränderungen der Belastung wird erfasst durch den Vergleich der Fragen A8.8-A8.10 mit den Fragen C4.8-C4.10).

6.3.3.4Weitere Variablen des QuBuS-TG-E

Das QuBuS-TG-E umfasst noch weitere Variablen, die zum einen einer genaueren Beschreibung der Stichprobe dienen und mit denen zum anderen weitere Analysen für Prognosen (z.B. Untersuchung von Moderatorvariablen) möglich sind.

Tabelle 6.8 zeigt, welche Aspekte die Fragen betreffen (siehe auch genaue Fragenformulierung und Itemskalierung im Anhang).

Tabelle 6.8:
Weitere Variablen des QuBuS-TG-E

Item	Item-Nummer
Wer hatte den Gedanken, eine Hilfe in Anspruch zu nehmen?	A2
Wann wurde sich nach Hilfe umgesehen?	A3
Beteiligung der Eltern an Entscheidung über Tagesgruppe	A4.1
Wunsch der Eltern, dass ihr Kind in die Tagesgruppe kommt	A4.2
Bedenken, ob Tagesgruppe die richtige Unterstützungsform ist	A4.3
Ereignisse, die Ursache für Probleme des Kindes sein können (offene Frage)	A7
Dauer der Probleme vor Eintritt in die Tagesgruppe	A9
Erwartung an die Tagesgruppe	A11
Wichtigkeit der einzelnen Aspekte der Tagesgruppe	B1
Andere Hilfen, die in Anspruch genommen wurden	B2
Fremdunterbringung des Kindes	B3
Entlastung durch die Tagesgruppe	B4
Aufwand für die Tagesgruppe	B5
Wunsch nach Fortsetzung der Tagesgruppe	B10
Gründe für Wunsch nach Fortsetzung (Frage sollte nur beantwortet werden, wenn Frage B10 mit ja beantwortet wurde)	B11
Zwischenzeitliche Ereignisse, die einen Einfluss auf das Problem haben konnten (offene Frage)	C3

Zum Abschluss des Fragebogens wurde den Eltern in zwei offenen Fragen die Möglichkeit gegeben aufzuschreiben, was die Tagesgruppe nach ihrer Ansicht besser machen könnte und was den Eltern an der Tagesgruppe besonders gut gefallen hat.

6.3.4 Zusätzlich erfasste Variablen

Die Tagesgruppen der Jugendhilfe Eckehardt hatten für alle Kinder einige Variablen statistisch erhoben. Diese Angaben konnten zusätzlich ausgewertet werden. Die meisten Variablen wurden von den MitarbeiterInnen als offene Fragen erhoben und nachträglich in Kategorien einsortiert. Die Variablen waren im einzelnen:

- Tagesgruppe, in welcher die Kinder untergebracht waren
- Geschlecht des Kindes
- Anzahl der Geschwister
- Andere Maßnahmen, vor während und nach der Tagesgruppe* (von den MitarbeiterInnen als offene Frage beantwortet, selten wurde mehr als eine Maßnahme genannt)
- Wer hat die Entlassung veranlasst*
- Grund für Entlassung*
- Ausmaß der Elternarbeit
- Form der Elternarbeit
- Soziale Schicht der Eltern (nach Einschätzung der MitarbeiterInnen)
- Beruf des Vaters (offene Frage, später in Kategorien einsortiert)
- Beruf der Mutter (offene Frage, später in Kategorien einsortiert)
- Psychische Erkrankung der Eltern (eingestuft nach bekannt, vermutet, weder bekannt noch vermutet)
- Anmeldegrund des Kindes aus Sicht des/der MitarbeiterIn (offene Frage, später in Kategorien einsortiert)
- Geburtstag des Kindes
- Alter des Kindes zur Zeit der Aufnahme in die Tagesgruppe
- Schulform bei Aufnahme und Entlassung*
- Schulklasse bei Aufnahme und Endlassung*
- Familienzusammensetzung bei Eintritt in die Tagesgruppe
- Weitere Entwicklung des Kindes*

- Aufnahme in die Tagesgruppe (Datum)
- Austritt aus der Tagesgruppe* (Datum)
- Dauer des Tagesgruppenaufenthaltes in Monaten
- Zeitspanne vom Ende der Maßnahme bis zur Verschickung des Fragebogens*

*Diese Variablen wurden nur erhoben, wenn die Maßnahme zum Zeitpunkt der Erhebung schon beendet war

Strukturqualität
- Zufriedenheit mit einzelnen Aspekten der Tagesgruppe

Prozessqualität
- Autonomieunterstützung
- Soziale Eingebundenheit
- Kompetenzunterstützung
- Einbezug der Eltern in den Ablauf der Maßnahme

Ergebnisqualität
- Symptomveränderung
- Ergebnisbeurteilung
- Gesamtzufriedenheit
- Symptomreduktion (Problemausmaß, -bereiche, -häufigkeit)
- Lebensqualität
- Belastung

Abb. 2: Skalen des QuBuS-TG-E

7 HYPOTHESEN

Die Hypothesen lassen sich in zwei Teile gliedern. Zum einen behandeln sie die Validierung des Messinstrumentes, des QuBuS-TG-E, zum anderen die Evaluation der Tagesgruppenarbeit.

Im ersten Teil geht es um die **Validierung des QuBuS-TG-E** und somit um die Überprüfung des vorhergesagten Zusammenhangs zwischen Prozess- und Ergebnisqualität. Angenommen wird, dass die beurteilte Ergebnisqualität in Abhängigkeit von der durch die Eltern wahrgenommene Prozessqualität steigt. Die Hypothesen im einzelnen:

Skala Veränderung

1. Je höher die wahrgenommene *Autonomieunterstützung*, desto größer die *beurteilte Veränderung*.
2. Je höher die wahrgenommene *soziale Eingebundenheit,* desto größer die *beurteilte Veränderung*.
3. Je höher die wahrgenommene *Kompetenzunterstützung,* desto größer die *beurteilte Veränderung*.
4. Je höher der wahrgenommene *Einbezug der Eltern in den Ablauf der Maßnahme*, desto größer die *beurteilte Veränderung*.

Skala Ergebnisbeurteilung

5. Je höher die wahrgenommene *Autonomieunterstützung*, desto positiver wird das *Ergebnis beurteilt*.
6. Je höher die wahrgenommene *soziale Eingebundenheit*, desto positiver wird das *Ergebnis beurteilt*.
7. Je höher die wahrgenommene *Kompetenzunterstützung*, desto positiver wird das *Ergebnis beurteilt*.
8. Je höher der wahrgenommene *Einbezug der Eltern in den Ablauf der Maßnahme*, desto positiver wird das *Ergebnis beurteilt*.

Skala Gesamtzufriedenheit

9. Je höher die wahrgenommene *Autonomieunterstützung*, desto größer ist die *Gesamtzufriedenheit*.
10. Je höher die wahrgenommene *soziale Eingebundenheit*, desto größer ist die *Gesamtzufriedenheit*.

11. Je höher die wahrgenommene *Kompetenzunterstützung*, desto größer ist die *Gesamtzufriedenheit*.
12. Je höher der wahrgenommene *Einbezug der Eltern in den Ablauf der Maßnahme*, desto größer ist die *Gesamtzufriedenheit*.

Symptomreduktion: Skala Problemausmaß

13. Je höher die wahrgenommene *Autonomieunterstützung*, desto geringer ist das *Problemausmaß zum heutigen Zeitpunkt* (unter Berücksichtigung der Probleme bei Eintritt in die Tagesgruppe).
14. Je höher die wahrgenommene *soziale Eingebundenheit*, desto geringer ist das *Problemausmaß zum heutigen Zeitpunkt* (unter Berücksichtigung der Probleme bei Eintritt in die Tagesgruppe).
15. Je höher die wahrgenommene *Kompetenzunterstützung*, desto geringer ist das *Problemausmaß zum heutigen Zeitpunkt* (unter Berücksichtigung der Probleme bei Eintritt in die Tagesgruppe).
16. Je höher der wahrgenommene *Einbezug der Eltern in den Ablauf der Maßnahme*, desto geringer ist das *Problemausmaß zum heutigen Zeitpunkt* (unter Berücksichtigung der Probleme bei Eintritt in die Tagesgruppe).

Symptomreduktion: Skala Problembereiche

17. Je höher die wahrgenommene *Autonomieunterstützung*, desto weniger treten die *Probleme in verschiedenen Bereichen* auf (unter Berücksichtigung der Problembereiche bei Eintritt in die Tagesgruppe).
18. Je höher die wahrgenommene *soziale Eingebundenheit*, desto weniger treten die *Probleme in verschiedenen Bereichen* auf (unter Berücksichtigung der Problembereiche bei Eintritt in die Tagesgruppe).
19. Je höher die wahrgenommene *Kompetenzunterstützung*, desto weniger treten die *Probleme in verschiedenen Bereichen* auf (unter Berücksichtigung der Problembereiche bei Eintritt in die Tagesgruppe).
20. Je höher der wahrgenommene *Einbezug der Eltern in den Ablauf der Maßnahme*, desto weniger treten die *Probleme in verschiedenen Bereichen* auf (unter Berücksichtigung der Problembereiche bei Eintritt in die Tagesgruppe).

Symptomreduktion: Skala Problemhäufigkeit

21. Je höher die wahrgenommene *Autonomieunterstützung*, desto seltener *treten die Probleme auf* (unter Berücksichtigung der Problemhäufigkeit bei Eintritt in die Tagesgruppe).
22. Je höher die wahrgenommene *soziale Eingebundenheit*, desto seltener *treten die Probleme auf* (unter Berücksichtigung der Problemhäufigkeit bei Eintritt in die Tagesgruppe).
23. Je höher die wahrgenommene *Kompetenzunterstützung*, desto seltener *treten die Probleme auf* (unter Berücksichtigung der Problemhäufigkeit bei Eintritt in die Tagesgruppe).
24. Je höher der wahrgenommene *Einbezug der Eltern in den Ablauf der Maßnahme*, desto seltener *treten die Probleme auf* (unter Berücksichtigung der Problemhäufigkeit bei Eintritt in die Tagesgruppe).

Skala Lebensqualität

25. Je höher die wahrgenommene *Autonomieunterstützung*, desto größer wird die *Lebensqualität des Kindes* beurteilt (unter Berücksichtigung der Lebensqualität bei Eintritt in die Tagesgruppe).
26. Je höher die wahrgenommene *soziale Eingebundenheit*, desto größer wird die *Lebensqualität des Kindes* beurteilt (unter Berücksichtigung der Lebensqualität bei Eintritt in die Tagesgruppe).
27. Je höher die wahrgenommene *Kompetenzunterstützung*, desto größer wird die *Lebensqualität des Kindes* beurteilt (unter Berücksichtigung der Lebensqualität bei Eintritt in die Tagesgruppe).
28. Je höher der wahrgenommene *Einbezug der Eltern in den Ablauf der Maßnahme*, desto größer wird die *Lebensqualität des Kindes* beurteilt (unter Berücksichtigung der Lebensqualität bei Eintritt in die Tagesgruppe).

Skala Belastung

29. Je höher die wahrgenommene *Autonomieunterstützung*, desto geringer wird die *Belastung* beurteilt (unter Berücksichtigung der Belastung bei Eintritt in die Tagesgruppe).
30. Je höher die wahrgenommene *soziale Eingebundenheit*, desto geringer wird die *Belastung* beurteilt (unter Berücksichtigung der Belastung bei Eintritt in die Tagesgruppe).

31. Je höher die wahrgenommene *Kompetenzunterstützung*, desto geringer wird die *Belastung* beurteilt (unter Berücksichtigung der Belastung bei Eintritt in die Tagesgruppe).

32. Je höher der wahrgenommene *Einbezug der Eltern in den Ablauf der Maßnahme*, desto geringer wird die *Belastung* beurteilt (unter Berücksichtigung der Belastung bei Eintritt in die Tagesgruppe).

Im zweiten Teil geht es um die **Evaluation der Tagesgruppenarbeit**. Angenommen wird hier, dass sich bei den indirekten Messungen ein signifikanter Unterschied zwischen den Fragen ‚vor der Tagesgruppe' und den Fragen ‚heute' ergibt. Bei der direkten Messung der Ergebnisvariablen und bei den Prozessvariablen sollten sich hohe Zufriedenheitswerte ergeben.

Hypothesen zur Prozessqualität

33. Die Eltern haben das Gefühl, durch die MitarbeiterInnen in ihrer *Autonomie* unterstützt zu werden.
34. Die Eltern haben das Gefühl, durch die MitarbeiterInnen *sozial eingebunden* zu werden.
35. Die Eltern haben das Gefühl, durch die MitarbeiterInnen in ihrer *Kompetenz* unterstützt zu werden.
36. Die Eltern haben das Gefühl, von den MitarbeiterInnen in den *Ablauf der Maßnahme einbezogen* zu werden.

Hypothesen zu den direkt gemessenen Variablen der Ergebnisqualität

37. Die Eltern sehen eine positive *Veränderung der Probleme*.
38. Die Eltern beurteilen das *Gesamtergebnis* positiv.
39. Die Eltern zeigen eine hohe *Gesamtzufriedenheit*.

Hypothesen zu den indirekt gemessenen Variablen der Ergebnisqualität

40. Das *Ausmaß der Probleme* hat sich von ‚vor der Tagesgruppe' zu ‚heute' verringert.
41. Die *Probleme* treten weniger in verschiedenen *Bereichen* auf (im Vergleich ‚vor der Tagesgruppe' und ‚heute').
42. Die *Probleme* treten *seltener* auf (im Vergleich ‚vor der Tagesgruppe' und ‚heute').
43. Die *Lebensqualität* des Kindes steigt von ‚vor der Tagesgruppe' zu ‚heute' an.
44. Die *Belastung* sinkt in der Zeit von ‚vor der Tagesgruppe' zu ‚heute'.

8 EVALUATION DES QUBUS-TG-E

In diesem Kapitel sollen die psychometrischen Eigenschaften des QuBuS-TG-E untersucht werden. Hierfür werden im ersten Teil die **Repräsentativität der Stichprobe** untersucht, da dies die Voraussetzung dafür ist, die psychometrischen Eigenschaften zu beurteilen. Hierfür werden je nach Datenniveau der T-Test für unabhängige Stichproben oder der Chi-Quadrat Test herangezogen.

Im zweiten Teil dieses Kapitels geht es dann um die Beurteilung der **Objektivität** und **Reliabilität**. Die Beurteilung der Objektivität erfolgt generell für den gesamten Fragebogen. Zur Beurteilung der Reliabilität werden Skalenanalysen durchgeführt. Hierbei gehen nur die Beurteilungen der Eltern ein, die jedes Item der Skala beantwortet haben. Bei den Skalen, bei denen es nicht sinnvoll ist eine Skalenanalyse durchzuführen, da sie entweder nur aus einem Item bestehen oder bewusst heterogen gebildet wurden, wird zumindest betrachtet, wie viele Eltern die Items bearbeitet haben und ob das Antwortformat genutzt wurde. Mittelwerte, Standardabweichung, Minimum und Maximum der einzelnen Items (bei intervallskalierten Items) bzw. die Häufigkeit der einzelnen Kategorien (bei ordinalskalierten Items) können im Anhang C nachgesehen werden. Die Ergebnisse der Befragung sollen hier noch nicht vorweggenommen werden, sondern werden im Kapitel 9 behandelt. Deshalb werden hier nur die Itemkennwerte aufgeführt, die in Skalenanalyse eingegangen sind.

Im dritten Teil dieses Kapitels soll dann die **Validität** der Skalen näher betrachtet werden. Dies geschieht über die Prüfung der Hypothesen 1 bis 32. Hierfür werden die Korrelationen zwischen Prozess- und Ergebnisvariablen berechnet, bzw. wenn die Ergebnisvariablen indirekt erhoben wurden, eine Partialkorrelation. Als Korrelationsmaß wird die Produkt-Moment-Korrelation nach Pearson herangezogen mit Ausnahme der direkten Veränderungsmessung, da hier die Daten nur auf Rangniveau vorliegen. Hier wird der Rangkorrelationskoeffizient nach Spearman berechnet.

Zusätzlich sollen für die gefundenen Zusammenhänge die Effektgrößen angegeben werden. Sie können dann nach Bortz und Döring (1995, S. 567) eingestuft werden, ob es sich um große, mittlere oder kleine Effektgrößen handelt. Bei den Korrelationen entspricht der Korrelationskoeffizient der

Effektgröße. Bortz und Döring sprechen bei einer Korrelation ab .1 von einer kleinen, ab .3 von einer mittleren und ab .5 von einer großen Effektgröße. Für die Partialkorrelation wird eine Effektgröße f^2 nach der Formel $f^{2*} = R^{*2}/(1-R^2)$ berechnet. Hier sprechen Bortz und Döring ab .02 von einer kleinen, ab .15 von einer mittleren und ab .35 von einer großen Effektgröße.

8.1 Repräsentativität der Stichprobe

Bei acht der 81 verschickten Fragebögen waren die Empfänger unbekannt verzogen. Von den 73 übrigen Fragebögen kamen 24 (32.9%) spontan und 27 (37%) nach Telefonat bzw. Erinnerungsschreiben zurück. Bei drei Fragebögen (4.1%) wurden die Eltern beim Ausfüllen unterstützt. 19 Fragebögen (26%) kamen nicht zurück. Die Rücklaufquote liegt somit insgesamt bei 74%. Tabelle 8.1 gibt einen Überblick über die eingegangen Fragebögen.

Tabelle 8.1:

Rücklauf der Fragebögen (Häufigkeit und Prozent)

	Häufigkeit	**Gültige Prozent**
Nicht eingegangen	19	26,0
Spontan eingegangen	24	32,9
Nach Erinnerung eingegangen	27	37,0
Interview	3	4,1
Gesamt	**73**	**100,0**
Unbekannt verzogen / nicht erreichbar	8	
Gesamt (ursprünglich)	**81**	

Um zu beurteilen, ob die Eltern, die den Fragebogen zurückgeschickt hatten, repräsentativ für alle Eltern der Tagesgruppen Eckehardt sind, werden die Daten, die von den MitarbeiterInnen erhoben wurden, danach aufgeteilt, ob die Eltern geantwortet hatten oder nicht, und die beiden Gruppen miteinander verglichen.

Die beiden Gruppen werden danach untersucht, ob es Unterschiede in Bezug auf die Merkmale gibt, die von den MitarbeiterInnen erfragt wurden (vgl. Kap 6.3.4). Hierfür wird je nach Datenniveau der T-Test für unabhängige Stichproben oder der Chi-Quadrattest herangezogen. Um die Anmeldegründe untersuchen zu können, wird zum einen ausgezählt, wie viele Anmeldegründe die MitarbeiterInnen angegeben haben, und zum anderen werden die beiden Gruppen hinsichtlich der vier am häufigst genannten Anmeldegründe (allgemeine Lern- und Leistungsprobleme, Aggression, auffälliges Verhalten und Eltern-Kind-Konflikte) untersucht. Keiner der Tests ist auf dem 5% Niveau signifikant, beim Alter zeigt sich jedoch, dass die Kinder der Eltern, die geantwortet hatten, tendenziell älter sind (auf dem .10 Niveau signifikant).

Somit zeigt sich, dass sich die Gruppen weder in den erfragten soziodemographischen Merkmalen noch in den erfragten Rahmenbedingungen unterscheiden.

8.2 Psychometrische Eigenschaften des QuBuS-TG-E

8.2.1 Objektivität des QuBuS

Die Durchführungsobjektivität kann beim QuBuS-TG-E als gegeben angenommen werden, da alle Eltern das gleiche Anschreiben und somit die gleichen Informationen bekommen haben. Auch die Auswertungsobjektivität kann als gegeben angenommen werden, da nur die geschlossenen Fragen des QuBuS-TG-E in die Auswertung eingingen. Der dritte Aspekt der Objektivität, die Interpretationsobjektivität des QuBuS-TG-E ist kritischer zu sehen und wird im Kapitel 11 näher behandelt.

8.2.2 Reliabilität der Skalen der Prozessqualität

Skala Autonomieunterstützung

Die Skalenanalyse wird mit den Werten von 45 Personen durchgeführt. Alle Items besitzen Trennschärfen zwischen .49 und .81 und die interne Konsistenz der Skala liegt bei Ausschluss einzelner Items zwischen .84 und .89 (vgl. Tabelle 8.2). Es werden alle Items der Skala beibehalten, die interne Konsistenz der Skala liegt bei .88.

Tabelle 8.2:
Reliabilitätsanalyse der Skala ‚Autonomieunterstützung' (Mittelwerte, Standardabweichung, korrigierte Trennschärfe, Cronbachs α) und Korrelation der einzelnen Items mit den beiden anderen Skalen

Die Mitarbeiter ...	*M*	*S*	r_t	α^a	r_{sozEin}	r_{komp}
... zeigten uns Möglichkeiten / Lösungswege auf.	*4.22*	*0.90*	*.49*	.88	.43	32
... unterstützten uns darin, das Problem eigenständig in den Griff zu kriegen.	*4.33*	*0.88*	*.81*	.84	.60	52
... ermutigten uns, Fragen zu stellen.	*4.38*	*0.86*	*.64*	.86	.54	59
... waren offen für unsere eigenen Ideen, mit dem Problem umzugehen.	*4.36*	*0.90*	*.78*	.84	.70	75
... gingen auf unsere Sichtweisen ein, bevor sie Vorschläge zur Vorgehensweise machten.	*4.24*	*1.00*	*.71*	.85	.65	58
... beachteten unsere Meinung und berücksichtigten sie bei Entscheidungen.	*4.33*	*0.85*	*.79*	.84	.57	66
... wirkten unzufrieden, wenn wir nicht auf ihre Vorschläge eingingen.[b]	*4.09*	*1.24*	*.50*	.89	.50	50

Anmerkungen. Die Antwortmöglichkeiten sind folgendermaßen kodiert: 1 = ‚trifft gar nicht zu', 2 = ‚trifft eher nicht zu', 3 = ‚teils teils', 4 = ‚trifft eher zu', 5 = ‚trifft völlig zu'.
r_{sozEin} = Korrelation des jeweiligen Items mit der Skala "soziale Eingebundenheit".
r_{komp} = Korrelation des jeweiligen Items mit der Skala „Kompetenzunterstützung".
[a] Cronbachs α der Skala bei Ausschluss des Items. [b] Das Item wurde umgepolt.

Die einzelnen Items wurden von 49 bis 52 Eltern beantwortet, bei den Antworten zeigt sich eine deutliche Verschiebung in den positiven Bereich. Die positivste Kategorie ‚trifft völlig zu' wurde bei jedem Item von mindestens 50% der Eltern angekreuzt. Dies spricht dafür, die Skala im oberen Bereich weiter auszudifferenzieren.

Skala soziale Eingebundenheit

Hier wird mit den Werten von 50 Personen eine Skalenanalyse durchgeführt. Die Items der Skala besitzen eine Trennschärfe zwischen .44 und .88 und die interne Konsistenz der Skala liegt bei Itemausschluss zwischen .86 und. 93 (vgl. Tabelle 8.3). Da es durch Itemausschluss nicht zu einer nennenswerten Erhöhung der internen Konsistenz kommt, werden alle sechs Items beibehalten. Die interne Konsistenz liegt bei .90.

Tabelle 8.3:

Reliabilitätsanalyse der Skala „soziale Eingebundenheit" (Mittelwerte, Standardabweichung, korrigierte Trennschärfe, Cronbachs α) und Korrelation der einzelnen Items mit den beiden anderen Skalen

Die Mitarbeiter vermittelten uns damals das Gefühl, ...	*M*	*S*	r_t	α^a	r_{auto}	r_{komp}
... dass wir ernst genommen werden.	*4.48*	*0.86*	*.72*	.88	.76	.57
... dass sie abweisend und unnahbar sind.[b]	*4.58*	*0.95*	*.44*	.93	.33	.32
... dass wir gut miteinander auskommen.	*4.46*	*0.86*	*.71*	.88	.60	.55
... dass man ihnen trauen kann.	*4.54*	*0.68*	*.87*	.86	.67	.67
... dass sie uns verstehen.	*4.46*	*0.76*	*.88*	.86	.68	.57
... dass wir offen mit ihnen über unsere Probleme reden können.	*4.52*	*0.81*	*.84*	.86	.62	.63

Anmerkungen. Die Antwortmöglichkeiten sind folgendermaßen kodiert: 1 = ‚trifft gar nicht zu', 2 = ‚trifft eher nicht zu', 3 = ‚teils teils', 4 = ‚trifft eher zu', 5 = ‚trifft völlig zu'.
r_{auto} = Korrelation des jeweiligen Items mit der Skala "Autonomieunterstützung".
r_{komp} = Korrelation des jeweiligen Items mit der Skala „Kompetenzunterstützung".
[a] Cronbachs α der Skala bei Ausschluss des Items. [b] Das Item wurde umgepolt.

Bei dieser Skala wurden die einzelnen Items von 51 bis 54 Eltern beantwortet. Hier gibt es eine noch deutlichere Verschiebung in den positiven Bereich.

Skala Kompetenzunterstützung

Eine Skalenanalyse wird mit den Werten von 43 Personen durchgeführt. Hier ergibt sich für ein Item eine geringe Trennschärfe von .06. Anscheinend wird die Formulierung, ‚dass wir Experten für unser Problem sind' von einigen Eltern falsch verstanden. Dieses Item wird deshalb aus der Skala ausgeschlossen. Ein Skalenwert wird jetzt für die Personen gebildet, die mindestens vier der sechs Items beantwortet hatten. Dies sind 52 Eltern. In die Skalenanalyse gehen nun 46 Personen ein, die alle Fragen beantwortet hatten. Die Trennschärfe der einzelnen Items liegt jetzt zwischen .54 und .81 und die interne Konsistenz der Skala liegt bei Ausschluss weiterer Items zwischen .

86 und. 90 (vgl. Tabelle 8.4). In dieser Form beträgt die interne Konsistenz der Skala .90.

Tabelle 8.4:

Reliabilitätsanalyse der Skala „Kompetenzunterstützung" (Mittelwerte, Standardabweichung, korrigierte Trennschärfe, Cronbachs α) und Korrelation der einzelnen Items mit den beiden anderen Skalen

Die Mitarbeiter vermittelten uns damals das Gefühl, ...	*M*	*S*	r_t [a]	α [a,b]	r_{auto}	r_{sozein}
... dass wir fähig sind, das Problem zu lösen.	*4.24*	*0.97*	*.84 (.81)*	.76 (.87)	.67	.63
... dass wir ziemlich klein und unwissend sind.[c]	*4.37*	*1.07*	*.71 (.77)*	.78 (.87)	.62	.48
... dass wir in der Lage sind, gut mit dem Problem umzugehen.	*4.10*	*1.02*	*.82 (.84)*	.76 (.86)	.68	.58
... dass wir die Anregungen aus der Tagesgruppe zu Hause / im Alltag umsetzen können.	*4.16*	*0.84*	*.79 (.79)*	.78 (.87)	.80	.69
... dass wir mit dem Problem überfordert sind.[c]	*4.07*	*1.16*	*.55 (.65)*	.81 (.90)	.54	.47
... dass wir die Experten für unser Problem sind.	*2.65*	*1.23*	*.06 (--)*	.90 (--)	.14	.09
... dass wir in der Tagesgruppe weiterkommen.	*4.12*	*0.93*	*.51 (.54)*	.82 (.90)	.41	.38

Anmerkungen. Die Antwortmöglichkeiten sind folgendermaßen kodiert: 1 = ‚trifft gar nicht zu', 2 = ‚trifft eher nicht zu', 3 = ‚teils teils', 4 = ‚trifft eher zu', 5 = ‚trifft völlig zu'.
r_{auto} = Korrelation des jeweiligen Items mit der Skala "Autonomieunterstützung".
r_{sozein} = Korrelation des jeweiligen Items mit der Skala „soziale Eingebundenheit".
[a] Angaben in Klammern nach Ausschluss des 6. Items. [b] Cronbachs α der Skala bei Ausschluss des Items. [c] Das Item wurde umgepolt.

Die einzelnen Items dieser Skala wurden von 49 bis 53 Personen bearbeitet. Es gibt auch hier eine Verschiebung in den positiven Bereich, so dass die Kategorie ‚trifft völlig zu' immerhin noch von mindestens 40% der Eltern ausgefüllt wurden. Auch bei dieser Skala wäre eine Ausdifferenzierung sinnvoll.

Für die drei Skalen der Prozessqualität nach Deci und Ryan (2001) wird zusätzlich überprüft, ob sich die theoretische Zuordnung der Items zu den Skalen in den Items widerspiegelt. Da für eine Faktorenanalyse der Stichprobenumfang zu gering ist, werden für alle Items neben der Trennschärfe auch die Korrelation des Items mit den anderen beiden Skalen berechnet. Ohne das ausgeschlossene Item der Kompetenzskala gibt es ein weiteres Item der Autonomieskala, bei dem die Trennschärfe genauso hoch ist, wie die Korrelation auf den beiden anderen Skalen ('Die Mitarbeiter wirkten unzufrieden, wenn wir nicht auf ihre Vorschläge eingingen') und ein Item der Skala ‚Soziale Eingebundenheit', bei dem die Trennschärfe niedriger ist, als die Korrelation des Items mit der Skala ‚Autonomie' (‚Die Mitarbeiter vermittelten uns damals das Gefühl, dass wir ernstgenommen werden') (Vgl. Tabelle 8.2, 8.3 und 8.4).

Skala Einbezug der Eltern in den Ablauf der Maßnahme

Eine Skalenanalyse wird mit den Werten von 51 Personen durchgeführt. Die Items der Skala besitzen eine Trennschärfe zwischen .62 und .82 und die interne Konsistenz der Skala liegt bei Itemausschluss zwischen .79 und .87 (vgl. Tabelle 8.5). Es werden alle drei Items der Skala beibehalten, die interne Konsistenz der Skala liegt bei .85.

Tabelle 8.5:

Reliabilitätsanalyse der Skala „Einbezug der Eltern in den Ablauf der Maßnahme" (Mittelwerte, Standardabweichung, korrigierte Trennschärfe, Cronbachs α)

	Nr.	*M*	*S*	r_t	α^a
Ich wurde über Sinn und Zweck der Maßnahme und über ihren Verlauf ausreichend informiert.	*3*	*3.68*	*0.72*	*.75*	.93
Ich war mit allen Maßnahmen im Verlauf der Tagesgruppe völlig einverstanden.	*6*	*3.38*	*0.71*	*.68*	.94
Ich fühlte mich ausreichend in die Arbeit mit einbezogen.	*8*	*3.51*	*0.80*	*.84*	.92

Anmerkungen. Die Antwortmöglichkeiten sind folgendermaßen kodiert: 0 = ‚überhaupt nicht/niemals', 1 = ‚kaum/selten', 2 = ‚teilweise/manchmal', 3 = ‚überwiegend/meistens', 4 = ‚ganz genau/immer'. Nr. = Nummer der Frage des FBB

[a] Cronbachs α der Skala bei Ausschluss des Items.

Die drei Fragen wurden von 52 bis 54 Eltern beantwortet. Auch hier zeigt sich die Verschiebung in den positiven Bereich. Die positivste Kategorie gaben zwischen 55 und 75% der Eltern an. Auch hier wäre eine Ausdifferenzierung angebracht.

Tabelle 8.6 stellt die interne Konsistenz der einzelnen Skalen gegenüber und Tabelle 8.7 zeigt die Interkorrelation der Skalen zur Prozessqualität

Tabelle 8.6:

Skalenanalyse der Skalen zur Prozessqualität (Anzahl der Items, Stichprobenumfang und Cronbachs α*)*

Name der Skala	Anzahl der Items	*N*	α
Autonomieunterstützung	7	45	.88
Soziale Eingebundenheit	6	50	.90
Kompetenzunterstützung (vor Itemausschluss)[2]	7	43	.83
Kompetenzunterstützung (nach Itemausschluss)	6	46	.90
Skala Einbezug der Eltern in den Ablauf der Maßnahme	3	51	.85

Tabelle 8.7:
Interkorrelation der Skalen zur Prozessqualität

	Autonomie-unter-stützung	Soziale Ein-gebunden-heit	Kompetenz-Unter-stützung	Einbezug der Eltern in den Ablauf der Maßnahme
Autonomie-unterstützung	--			
Soziale Eingebundenheit	.74**	--		
Kompetenz-unterstützung	.72**	.66**	--	
Einbezug der Eltern in den Ablauf der Maßnahme	.73**	.57**	.58**	--

Anmerkungen. ** Die Korrelation ist auf dem Niveau von 0,01 (2-seitig) signifikant

8.2.3 Skalen der Ergebnisqualität

Skala Veränderung

Diese Skala besteht nur aus einem Item und misst direkt (vgl. Tabelle 6.6), inwiefern sich die Situation nach Einschätzung der Eltern verändert hat. Die Frage wurde von allen Eltern beantwortet und auch die Antwortmöglichkeiten wurden voll ausgeschöpft, jedoch mit einer deutlichen Verschiebung ins Positive (vgl. Anhang C, Tab 32). Hier besteht die Überlegung, die Skala im oberen Bereich noch weiter auszudifferenzieren.

Skala Ergebnisbeurteilung

Bei der Skala Ergebnisbeurteilung wird mit den Werten von 49 Personen eine Skalenanalyse durchgeführt, die einzelnen Items wurden von 52 bis 54 Eltern beantwortet. Die Items der Skala besitzen eine Trennschärfe zwischen .52 und .82 und die interne Konsistenz der Skala liegt bei Itemausschluss zwischen .85 und. 89 (vgl. Tabelle. 8.7). Da es durch Itemausschluss nicht zu einer nennenswerten Erhöhung der internen Konsistenz kommt, werden alle sieben Items beibehalten. Die interne Konsistenz liegt bei .89.

Tabelle. 8.7:

Reliabilitätsanalyse der Skala „Ergebnisbeurteilung“ (Mittelwerte, Standardabweichung, korrigierte Trennschärfe, Cronbachs α)

	Nr.	*M*	*S*	r_t	α [a]
Die Tagesgruppe war für mein Kind hilfreich.	*1*	*3.47*	*0.62*	*.52*	.89
Wir kommen in unserer Familie jetzt besser miteinander aus als vor der Tagesgruppe.	*4*	*2.80*	*1.07*	*.63*	.88
Im Verlaufe der Maßnahme konnte ich mein Verhalten gegenüber meinem Kind positiv verändern.	5	*2.94*	*0.82*	*.69*	.87
Die Probleme meines Kindes haben sich im Verlaufe der Maßnahme verbessert.	9	*2.93*	*0.81*	*.82*	*.86*
Durch die Gespräche mit den Mitarbeitern bekam ich ein besseres Verständnis für die Probleme meines Kindes.	*10*	*3.06*	*0.89*	*.59*	*.88*
Im Verlaufe der Maßnahme haben sich auch meine eigenen Probleme gebessert.	*11*	*2.62*	*1.07*	*.79*	*.86*
Im Verlaufe der Maßnahme bin ich auch für mich persönlich ein Stück weitergekommen.	*12*	*2.62*	*1.01*	*.80*	*.85*

Anmerkungen. Die Antwortmöglichkeiten sind folgendermaßen kodiert: 0 = ‚überhaupt nicht/niemals‘, 1 = ‚kaum/selten‘, 2 = ‚teilweise/manchmal‘, 3 = ‚überwiegend/meistens‘, 4 = ‚ganz genau/immer‘. Nr. = Nummer der Frage des FBB

[a] Cronbachs α der Skala bei Ausschluss des Items.

Bei den meisten Items wurden alle Antwortmöglichkeiten durch die Eltern ausgenutzt, es zeigt sich jedoch auch eine deutliche Häufung im positiven Bereich.

Skala Gesamtzufriedenheit

Hier kann mit den Werten von 52 Personen eine Skalenanalyse durchgeführt werden, die einzelnen Items wurden von 52 bis 54 Eltern beantwortet. Die Trennschärfe der einzelnen Items liegt zwischen .77 und .90, die interne Konsistenz der Skala liegt bei Itemausschluss zwischen .91 und .93 (vgl. Tabelle 8.8), es werden jedoch keine Items ausgeschlossen. Die interne Konsistenz der Skala liegt somit bei .93.

Tabelle 8.8:

Reliabilitätsanalyse der Skala Gesamtzufriedenheit (Mittelwerte, Standardabweichung, korrigierte Trennschärfe, Cronbachs α)

	Nr.	*M*	*S*	r_t	α^a
Ich würde bei einem anderen Problem wieder hierher kommen.	2	3.40	0.92	.77	.93
Ich würde die Tagesgruppe Freunden und Bekannten empfehlen.	7	3.60	0.85	.90	.91
Ich bin mit der Tagesgruppe zufrieden.	13	3.57	0.80	.90	.91

Anmerkungen. Die Antwortmöglichkeiten sind folgendermaßen kodiert: 0 = ‚überhaupt nicht/niemals', 1 = ‚kaum/selten', 2 = ‚teilweise/manchmal', 3 = ‚überwiegend/meistens', 4 = ‚ganz genau/immer'. Nr. = Nummer der Frage des FBB

[a] Cronbachs α der Skala bei Ausschluss des Items.

Auch hier wurden die Antwortmöglichkeiten von den Items durch die Eltern ausgeschöpft, allerdings mit einer noch deutlicheren Häufung im positiven Bereich als bei den Skalen Veränderung und Ergebnisbeurteilung.

Skala Problemausmaß

Bei den Skalen ‚Problemausmaß zu Beginn' und ‚Problemausmaß heute' wird auf eine Analyse der internen Konsistenz verzichtet, da die Skalen mit Absicht heterogen angelegt wurden, um eine möglichst große Bandbreite von Problemen zu erfassen. Die Items der Skala ‚Problemausmaß zu Beginn' wurden von 44 bis 51 Eltern beantwortet, die Items der Skala ‚Problemausmaß heute' von 51 bis 54 Eltern. Dies deutet darauf hin, dass es sinnvoll wäre, den Fragebogen zu zwei Zeitpunkten einzusetzen, da es für die Eltern einfacher ist, die heutigen Probleme einzuschätzen als die aus der Vergangenheit.

Für fast alle Items wurde das Antwortformat sowohl für die Zeit vor der Tagesgruppe als auch heute vollständig ausgeschöpft (vgl. Anhang C, Tabelle C5 und C26). Ausnahmen waren die Fragen nach Drogen- und Alkoholproblematik und Konflikte mit dem Gesetz, die bei Tagesgruppenkinder doch sehr selten vorkommen (vgl. Tabelle 8.9). Die beiden Fragen wurden auf Wunsch der Tagesgruppe für Jugendliche eingefügt und sollen aus diesem Grund auch in der Skala bleiben. Der Anstieg der Häufigkeit der Probleme ist wahrscheinlich auch dadurch zu erklären, dass dies Probleme sind, die eher bei Jugendlichen als bei Kindern auftreten und somit zunehmen, wenn die Kinder älter werden.

Tabelle 8.9:
Verteilung der Antworten nach Drogen- und Alkoholprobleme und Konflikte mit dem Gesetz jeweils zu Beginn und heute (Anzahl der Kinder)

	Drogen und Alkoholprobleme zu Beginn	Drogen und Alkoholprobleme heute	Konflikte mit dem Gesetz zu Beginn	Konflikte mit dem Gesetz heute
Trifft gar nicht zu	47	45	50	48
Trifft eher nicht zu	1	1	3	2
Trifft eher zu	0	2	0	3
Trifft völlig zu	0	0	0	0

Die Eltern nutzten die Möglichkeit, bei der offenen Frage noch weitere Probleme anzugeben, kaum. Genannt wurden lediglich in jeweils nur einem Fragebogen: Gehbehinderung (vor der Tagesgruppe und heute), Epilepsie (vor der Tagesgruppe), zuviel Aufmerksamkeit männlichen Jugendlichen gegenüber (heute), Neurodermitis (vor der Tagesgruppe und heute), Probleme der (Fein-)motorik (vor der Tagesgruppe und heute) und Übergewicht (vor der Tagesgruppe).

Skala Problembereiche

Bei den Skalen Problembereiche wird aus denselben Gründen wie bei den Skalen Problemliste auf eine Betrachtung der internen Konsistenz verzichtet. Die Items der Skala Problembereiche zu Beginn wurde von 46 bis 51 Eltern ausgefüllt, die Items der Skala Problembereiche heute von 50 bis 51 Eltern. Die offene Frage am Schluss wurde wieder kaum verwendet. Genannt wurden folgende Bereiche in jeweils nur einem Fragebogen: Pflegeeltern (nur heute), Mutter (vor der Tagesgruppe und heute), an Wochenenden (nur heute), größere Gruppen (nur heute). Das Antwortspektrum wurde für beide Skalen voll ausgeschöpft.

Skala Problemhäufigkeit

Die Skalen bestehen jeweils nur aus einem Item. Die Frage nach der Problemhäufigkeit vor der Maßnahme wurde von 51 Eltern beantwortet, die Frage nach der Problemhäufigkeit heute von 53 Eltern. Alle Antwortmöglichkeiten wurden von den Eltern genutzt.

Skalen Lebensqualität

Bei der Skala Lebensqualität zu Beginn der Tagesgruppe kann mit den Werten von 48 Eltern eine Skalenanalyse durchgeführt werden, bei der Skala Lebensqualität heute mit 52 Werten. Die Trennschärfen der Items zu Beginn liegen zwischen .24 und .55, die interne Konsistenz der Skala liegt bei Itemausschluss zwischen .62 und .71. Die Trennschärfen der Items der Skala Lebensqualität heute liegen zwischen .24 und .75, die interne Konsistenz der Skala liegt bei Itemausschluss zwischen .68 und .79. Hier stellt sich die Frage, ob das Item ‚Lebensqualität in der Schule' aufgrund der geringen Trennschärfe herausgenommen werden müsste. Allerdings ergibt sich dadurch nur eine Erhöhung der internen Konsistenz von .70 auf .71 bzw. von . 76 auf .79, so dass sich daraus kein großer Zuwachs ergeben würde. Das Antwortformat wurde von den Eltern gut ausgenutzt (vgl. Anhang C, Tabelle C8 und C29).

Skalen Belastung

Bei den Belastungsskalen kann mit den Werten von 50 (zu Beginn) bzw. 52 (heute) Eltern eine Skalenanalyse durchgeführt werden. Die Trennschärfen der einzelnen Items der Skala zu Beginn liegen zwischen .44 und .56 und der Items der Skala heute zwischen .68 und .71. Die interne Konsistenz der Skala würde durch Itemausschluss einen Wert zwischen .54 und .58 (zu Beginn) bzw. zwischen .75 und .79 annehmen. Da alle Items beibehalten werden, liegt die interne Konsistenz der Skala Belastung zu Beginn bei .69 und die interne Konsistenz der Skala Belastung heute bei .83. Bei beiden Skalen wurden die Antwortmöglichkeiten der Eltern gut ausgenutzt (vgl. Anhang C, Tabelle C9 und C30).

Tabelle 8.10 stellt die interne Konsistenz der einzelnen Ergebnisskalen gegenüber, Tabelle 8.11 zeigt die Interkorrelation der direkt gemessenen Skalen und Tabelle 8.12 die Interkorrelation der indirekt gemessenen Skalen.

Tabelle 8.10:

Skalenanalyse der Ergebnisskalen (Anzahl der Items, Stichprobenumfang und Chronbachs α*)*

	Anzahl der Items	N	α
Ergebnisbeurteilung	7	49	.89
Gesamtzufriedenheit	3	52	.93
Lebensqualität zu Beginn	7	48	.70
Lebensqualität heute	7	52	.76
Belastung zu Beginn	3	50	.69
Belastung heute	3	52	.83

Tabelle 8.11:
Interkorrelation der direkt gemessenen Skalen zur Ergebnisqualität

	Veränderung	Ergebnisbeurteilung	Gesamtzufriedenheit
Veränderung	--		
Ergebnisbeurteilung	-.52**	--	
Gesamtzufriedenheit	-.26	.48**	--

Anmerkungen. ** Die Korrelation ist auf dem Niveau von 0,01 (2-seitig) signifikant

Tabelle 8.12:
Interkorrelation der indirekt gemessenen Skalen zur Ergebnisqualität.

		Problem-ausmaß		Problem-bereiche		Problem-häufigkeit		Lebens-qualität		Belastung	
		zu Beginn	heute	zu Beginn	heute	zu Beginn	heute	zu Beginn	heute	zu Beginn	heute
Problem-ausmaß	zu Beginn	--									
	heute	.52**	--								
Problem-bereiche	zu Beginn	.52**	.17	--							
	heute	.12	.48**	.10	--						
Problem-häufigkeit	zu Beginn	.31*	.17	.29	.05	--					
	heute	.15	.39**	.21	.70**	.22	--				
Lebens-qualität	zu Beginn	.60**	.23	.38**	-.01	.43**	.23	--			
	heute	.22	.54**	.12	.41**	.10	.51**	.44**	--		
Belastung	zu Beginn	.50**	.17	.54**	.16	.41**	.24	.47**	.22	--	
	heute	.18	.50**	.02	.55**	.02	.67**	.20	.58**	.32*	--

Anmerkungen. ** Die Korrelation ist auf dem Niveau von 0,01 (2-seitig) signifikant. * Die Korrelation ist auf dem Niveau von 0,05 (2-seitig) signifikant.

8.2.4 Weitere Items des QuBuS

Ein weiterer Block von Items beschäftigt sich mit der Zufriedenheit mit einzelnen Aspekten der Tagesgruppe. Die meisten dieser Items sind der Strukturqualität zuzuordnen, einzelne auch der Prozessqualität. Diese Fragen spielen wie oben angesprochen für die Evaluation nur eine untergeordnete Rolle und werden in erster Linie zur Sammlung direkter Verbesserungsvorschläge für die Tagesgruppe genutzt. So werden die Items auch nur einzeln betrachtet und nicht in einer Skala verrechnet.

Die Fragen wurden von 51 bis 54 Eltern beantwortet, mit Ausnahme der Frage nach der Gestaltung des Endes der Tagesgruppe, die ja nur auf einen Teil der Eltern zutraf. Das Antwortformat wurde hier kaum ausgeschöpft, und es gibt eine deutliche Häufung der Antworten im positiven Bereich (vgl.

Anhang C, Tabelle C24). Hier wäre eine Verschiebung der Skala eindeutig sinnvoll.

Auf die weiteren Items soll hier nicht im einzelnen eingegangen werden. Die Items wurden von 48 bis 53 Eltern bearbeitet, mit Ausnahme der Fragen, die der Filterfrage folgten (hätten sie die Tagesgruppe gerne weiter fortgesetzt) und somit nicht für alle Eltern zutrafen.

Eine weitere Ausnahme bilden die Fragen nach weiteren Maßnahmen und Fremdunterbringung. Hier liegt die Antwortzahl zwischen 41 und 48 Eltern und somit niedriger als bei anderen Fragen. Dies scheint darauf hinzudeuten, dass die Eltern entweder Schwierigkeiten mit dem Antwortformat hatten oder ihnen die Zuordnung ihrer Hilfe zu einer Kategorie schwer fiel. Eine Möglichkeit wäre, diesen Aspekt von den MitarbeiterInnen der Tagesgruppe zu erfragen und somit auch den Fragebogen kürzer zu gestalten. Für eine Follow-up Befragung müsste die Frage jedoch im Fragebogen bleiben, da dies die MitarbeiterInnen oft nicht mehr beurteilen können. Die Eltern müssten dann nur beurteilen, welche Hilfe sie heute bekommen, bzw. ob ihr Kind momentan fremduntergebracht ist, was ihnen wesentlich leichter fallen dürfte.

Bei der Frage bezüglich der Person, die anregte, eine Hilfe anzunehmen (Frage A2, vgl. Anhang C, Tabelle C2), kreuzten recht viele Eltern mehr als eine Antwortmöglichkeit an. Hier wäre es sinnvoll, die Frage anders zu gestalten.

Bei den Fragen nach der Wichtigkeit einzelner Aspekte (Frage B1) zeigt sich wieder eine deutliche Verschiebung in den positiven Bereich. Auch hier wäre über eine Ausdifferenzierung nachzudenken. Bei den anderen Fragen wurde das Antwortspektrum durch die Eltern besser ausgenutzt, so dass die Skalierung so bestehen bleiben kann.

8.3 Validität des QuBuS

Im folgenden werden die Ergebnisse der Hypothesenprüfungen im einzelnen dargestellt. Zusätzlich werden die Effektgrößen nach ihrer Größe klassifiziert. Die Korrelationen und die Beurteilung, ob sie signifikant sind, werden anschließend in Tabelle 8.12 zusammenfassend dargestellt.

Die Validität der direkten Veränderungsmessung

Die Berechnung der Korrelationen zeigen:

- Einen Zusammenhang der Autonomieunterstützung mit der beurteilten Veränderung, $r_{xy} = .293$, $p < .05$ (n=51). Die Effektgröße ist als klein einzustufen.
- Einen Zusammenhang der sozialen Eingebundenheit mit der beurteilten Veränderung, $r_{xy} = .265$, $p < .05$ (n=53). Die Effektgröße fällt ebenfalls unter die Klassifikation ‚klein'.
- Einen Zusammenhang der Kompetenzunterstützung mit der beurteilten Veränderung, $r_{xy} = .296$, $p < .05$ (n=52). Die Effektgröße fällt noch unter die Klassifikation ‚klein'.
- Einen Zusammenhang des Einbezugs der Eltern in den Ablauf der Maßnahme mit der beurteilten Veränderung, $r_{xy} = .238$, $p < .05$ (n=53). Die Effektgröße ist ebenfalls als klein einzustufen.

Der vorhergesagte Zusammenhang zwischen den Prozessvariablen und der Veränderungsmessung zeigt sich somit über alle vier Hypothesen hinweg als signifikant. Auch wenn alle vier Zusammenhänge eher kleine Effektgrößen zeigen, ist von einer Validität der Veränderungsmessung auszugehen.

Die Validität der direkten Ergebnisbeurteilung

Die Berechnung der Korrelationen zeigen:

- Einen Zusammenhang der Autonomieunterstützung mit der direkten Ergebnisbeurteilung, $r_{xy} = .569$, $p < .01$ (n=51). Die Effektgröße ist als groß einzustufen.
- Einen Zusammenhang der sozialen Eingebundenheit mit der direkten Ergebnisbeurteilung, $r_{xy} = .419$, $p < .01$ (n=53). Die Effektgröße fällt unter die Klassifikation ‚mittel'.
- Einen Zusammenhang der Kompetenzunterstützung mit der direkten Ergebnisbeurteilung, $r_{xy} = .559$, $p < .01$ (n=52). Die Effektgröße ist wiederum als groß einzustufen.
- Einen Zusammenhang des Einbezugs der Eltern in den Ablauf der Maßnahme mit der direkten Ergebnisbeurteilung, $r_{xy} = .464$, $p < .01$ (n=53). Die Effektgröße fällt wieder unter die Klassifikation ‚mittel'.

Somit zeigen sich für alle vier Hypothesen hoch signifikante Korrelationen und mittlere bis große Effektgrößen. Dies spricht für die Validität der direkten Ergebnisbeurteilung.

Die Validität der Messung der Gesamtzufriedenheit

Die Berechnung der Korrelationen zeigen:

- Einen Zusammenhang der Autonomieunterstützung mit der Gesamtzufriedenheit, r_{xy} = .775, $p < .01$ (n=50). Die Effektgröße ist als groß einzustufen.
- Einen Zusammenhang der sozialen Eingebundenheit mit der Gesamtzufriedenheit, r_{xy} = .602, $p < .01$ (n=52). Die Effektgröße fällt ebenfalls unter die Klassifikation ‚groß'.
- Einen Zusammenhang der Kompetenzunterstützung mit der Gesamtzufriedenheit, r_{xy} = .677, $p < .01$ (n=51). Auch diese Effektgröße ist als groß einzustufen.
- Einen Zusammenhang des Einbezugs der Eltern in den Ablauf der Maßnahme mit der Gesamtzufriedenheit, r_{xy} = .809, $p < .01$ (n=52). Auch hier zeigt sich eine große Effektgröße.

Es ergeben sich für alle vier Hypothesen hoch signifikante Korrelationen und große Effektgrößen. Dies spricht für die Validität der Beurteilung der Gesamtzufriedenheit.

Die Validität der Messung des Problemausmaßes

Die Berechnung der Korrelationen zeigen:

- Einen Zusammenhang der Autonomieunterstützung mit der Reduktion des Problemausmaßes, r_{xyz} = -.306, $p < .05$ (n=42). Es zeigt sich für die Partialkorrelation eine Effektgröße von .10 und somit eine kleine Effektgröße.
- Einen Zusammenhang der sozialen Eingebundenheit mit der Reduktion des Problemausmaßes, r_{xyz} = -.277, $p < .05$ (n=42). Die Effektgröße von .08 fällt unter die Klassifikation ‚klein'.
- Einen Zusammenhang der Kompetenzunterstützung mit der Reduktion des Problemausmaßes, r_{xyz} = -.253, $p < .05$ (n=42). Die Berechnung der Effektgröße ergibt eine kleine Effektgröße von .07.
- Einen zumindest tendenziellen Zusammenhang des Einbezugs der Eltern in den Ablauf der Maßnahme mit der Reduktion des Problemausmaßes,

$r_{xyz} = -.205$, $p < .10$ (n=42). Auch hier zeigt sich wieder eine kleine Effektgröße von .04.

Zwei der vier vorhergesagten Zusammenhänge zeigen sich somit als signifikant, die anderen beiden als tendenziell signifikant. Trotz kleiner Effektgrößen ist von einer Validität der Beurteilung des Problemausmaßes auszugehen.

Die Validität der Problembereiche

Die Berechnung der Korrelationen zeigen:

- Keinen Zusammenhang der Autonomieunterstützung mit der Reduktion der Probleme in den einzelnen Bereichen, $r_{xyz} = -.178$, $p > .10$ (n=41). Die Effektgröße fällt somit mit .03 auch klein aus.
- Keinen Zusammenhang der sozialen Eingebundenheit mit der Reduktion der Probleme in den einzelnen Bereichen, $r_{xyz} = -.015$, $p > .10$ (n=41). Hier zeigt sich eine Effektgröße um 0.
- Keinen Zusammenhang der Kompetenzunterstützung mit der Reduktion der Probleme in den einzelnen Bereichen, $r_{xyz} = -.087$, $p > .10$ (n=41). Die Effektgröße liegt bei .01 und ist somit geringer, als die Klassifikation von ‚klein'.
- Einen zumindest tendenziellen Zusammenhang des Einbezugs der Eltern in den Ablauf der Maßnahme mit der Reduktion der Probleme in den einzelnen Bereichen, $r_{xyz} = -.225$, $p < .10$ (n=41). Die Effektgröße von .05 fällt wieder klein aus.

Bei der Hypothesenprüfung ergibt sich nur ein tendenzieller Zusammenhang, die Effektgrößen sind klein bzw. kaum nachweisbar. Dies spricht gegen die Validität der Skalen ‚Problembereiche zu Beginn der Tagesgruppe' und ‚Problembereiche heute'.

Die Validität der Problemhäufigkeit

Die Berechnung der Korrelationen zeigen:

- Keinen Zusammenhang der Autonomieunterstützung mit der Reduktion der Problemhäufigkeit, $r_{xyz} = -.165$, $p > .10$ (n=44). Die Effektgröße liegt bei .03 und wird somit als klein klassifiziert.
- Keinen Zusammenhang der sozialen Eingebundenheit mit der Reduktion der Problemhäufigkeit, $r_{xyz} = -.084$, $p > .10$ (n=44). Die Effektgröße von .01 fällt geringer aus als die Klassifikation von ‚klein'.

- Keinen Zusammenhang der Kompetenzunterstützung mit der Reduktion der Problemhäufigkeit, r_{xyz} = -.141, p > .10 (n=44). Es zeigt sich eine kleine Effektgröße von .02.
- Keinen Zusammenhang des Einbezugs der Eltern in den Ablauf der Maßnahme mit der Reduktion der Problemhäufigkeit, r_{xyz} = -.190, p > .10 (n=44). Hier zeigt sich eine kleine Effektgröße von .04.

Somit zeigt sich keine der vier untersuchten Zusammenhänge als signifikant, die Effektgrößen sind durchgängig klein. Dies spricht gegen die Validität der Skalen ‚Problemhäufigkeit zu Beginn' und ‚Problemhäufigkeit heute'.

Die Validität der Messung der Lebensqualität

Die Berechnung der Korrelationen zeigen:

- Keinen Zusammenhang der Autonomieunterstützung mit der Steigerung der Lebensqualität bei dem Kind, r_{xyz} = -.101, p > . 10 (n=47). Die Effektgröße von .01 fällt geringer aus als die Klassifikation von ‚klein'.
- Keinen Zusammenhang der sozialen Eingebundenheit mit der Steigerung der Lebensqualität bei dem Kind, r_{xyz} = -.154, p > . 10 (n=47). Die Effektgröße fällt mit .02 klein aus.
- Keinen Zusammenhang der Kompetenzunterstützung mit der Steigerung der Lebensqualität bei dem Kind, r_{xyz} = -.059, p > . 10 (n=47). Die Effektgröße liegt nur wenig über 0.
- Keinen Zusammenhang des Einbezugs der Eltern in den Ablauf der Maßnahme mit der Steigerung der Lebensqualität bei dem Kind, r_{xyz} = -.072, p > . 10 (n=47). Die Effektgröße liegt bei .01 und somit unter der Definition einer kleinen Effektgröße.

Alle vier Hypothesen zum Zusammenhang zwischen Prozessvariablen und Lebensqualität zeigen sich als nicht signifikant. Die Effektgrößen liegen zwischen nur knapp über null (und somit kaum nachweisbar) und klein. Die Skalen zeigen sich somit nicht valide.

Die Validität der Messung der Belastung

Die Berechnung der Korrelationen zeigen:

- Einen zumindest tendenziellen Zusammenhang zwischen der Autonomieunterstützung und der Abnahme der Belastung, r_{xyz} = -.208, p < .10 (n=47). Die Effektgröße liegt mit .05 im kleinen Bereich.

- Einen zumindest tendenziellen Zusammenhang zwischen der sozialen Eingebundenheit und der Abnahme der Belastung, $r_{xyz} = -.229$, $p < .10$ (n=47). Es zeigt sich eine kleine Effektgröße von .07.
- Keinen Zusammenhang zwischen der Kompetenzunterstützung und der Abnahme der Belastung, $r_{xyz} = -.023$, $p > .10$ (n=47). Hier zeigt sich eine Effektgröße um 0.
- Einen zumindest tendenziellen Zusammenhang zwischen dem Einbezug der Eltern in den Ablauf der Maßnahme und der Abnahme der Belastung, $r_{xyz} = -.193$, $p < .10$ (n=47). Die Effektgröße fällt mit .04 klein aus.

Hier zeigt sich somit eine Hypothese als signifikant, zwei weitere als tendenziell signifikant und nur eine als nicht signifikant. Drei der Effektgrößen können als klein klassifiziert werden, die vierte liegt nur wenig über null und ist somit kaum nachweisbar. Die Ergebnisse deuten auf eine Validität der Belastungsmessung.

Tabelle 8.12:
Korrelationen zwischen Skalen der Prozess- und der Ergebnisqualität

	Autonomie-unter-stützung	Soziale Ein-gebundenheit	Kompetenz-unter-stützung	Einbezug der Eltern in den Ablauf der Maßnahme
Veränderung	.293*	.265*	.296*	.238*
Ergebnisbeur-teilung	.569**	.419**	.559**	.464**
Gesamtzufrie-denheit	.775**	.602**	.677**	.809**
Problemaus-maß	-.306*	-.256*	-.246(*)	-.220(*)
Problemberei-che	-.178	-.024	-.088	-.214(*)
Problemhäufig-keit	-.165	-.109	-.144	-.118
Lebensqualität	-.101	-.119	-.052	-.106
Belastung	-.208(*)	-.233*	-.023	-.190(*)

Anmerkungen. ** Die Korrelation ist auf dem Niveau von .01 (1-seitig) signifikant. * Die Korrelation ist auf dem Niveau von .05 (1-seitig) signifikant. (*) Die Korrelation ist auf dem Niveau von .1 (1-seitig) tendenziell signifikant.

9 EVALUATION DER TAGESGRUPPENARBEIT

Den TagesgruppenmitarbeiterInnen wurden die Ergebnisse in einer Teamsitzung zurückgemeldet. Auf die Ergebnisse aller einzelnen Items soll hier nicht extra eingegangen werden, sie sind in im Anhang C zu lesen. Statt dessen sollen hier zum einen die Aspekte der Strukturqualität näher betrachtet werden, um den MitarbeiterInnen Hinweise für Verbesserungen zu geben. Zum anderen sollen auf die einzelnen Skalen der Prozess- und Ergebnisqualität eingegangen werden.

9.1 Beurteilung der Strukturqualität

Im QuBuS-TG-E wird die Zufriedenheit der Eltern mit einzelnen Aspekten der Tagesgruppenarbeit erfasst. Einige dieser Aspekte können eher der Prozessqualität zugeordnet werden (z.B. Umgang der MitarbeiterInnen mit den Eltern oder dem Kind). Da sie jedoch nicht näher in die Validierung des Fragebogens eingehen, sondern nur als Rückmeldung für die MitarbeiterInnen dienen, werden sie hier mit den Aspekten der Strukturqualität gemeinsam berichtet. Tabelle 9.1 gibt eine Übersicht über die Mittelwerte der einzelnen Items, die Items sind nach dem Mittelwert sortiert.

Tabelle 9.1:

Zufriedenheit mit einzelnen Aspekte (Stichprobenumfang, Mittelwert, Standardabweichung, Minimum und Maximum)

	N	*M*	*S*	*Min*	*Max*
Auswahl an Spiel- und Freizeitangeboten	53	3.87	0.34	3	4
Räumlichkeiten	52	3.78	0.52	2	4
Telefonische Erreichbarkeit	53	3.77	0.42	3	4
Gestaltung der Elterngespräche	53	3.77	0.47	2	4
Umgang der Mitarbeiter mit Kind	53	3.75	0.43	3	4
Atmosphäre	53	3.72	0.53	2	4
Fachliche Kompetenz	53	3.72	0.53	2	4
Infoaustausch Mitarbeiter – Eltern	53	3.72	0.53	2	4
Umgang der Mitarbeiter mit Eltern	52	3.71	0.54	2	4
Öffnungszeiten	51	3.69	0.51	2	4
Flexibilität bei Terminabsprachen	52	3.69	0.47	3	4
Teilnehmer am Elterngespräch	52	3.69	0.54	2	4
Unterstützung in schulischen Belangen	52	3.65	0.65	1	4
Lage, Erreichbarkeit	53	3.64	0.59	1	4
Einbezug Schule / Lehrer	52	3.63	0.60	1	4
Zusammensetzung der Kindergruppe	52	3.48	0.64	2	4
Wartezeit bis zur Aufnahme	51	3.47	0.67	2	4
Gestaltung des Maßnahmenendes	30	3.47	0.82	1	4

Anmerkungen. Die Antwortmöglichkeiten sind folgendermaßen kodiert: 1 = ‚völlig unzufrieden', 2 = ‚eher unzufrieden', 3 = ‚eher zufrieden', 4 = ‚völlig zufrieden'

Die Mittelwerte liegen alle zwischen 3.47 und 3.87 und somit zwischen den Kategorien eher zufrieden und völlig zufrieden. Vergleicht man die einzelnen Aspekte untereinander, so nehmen die Eltern die Auswahl an Spiel- und Freizeitangeboten als am besten zufriedenstellend wahr. Mit einem kleinen Abstand folgen dann die Räumlichkeiten, telefonische Erreichbarkeit und die Gestaltung der Elterngespräche. Als am wenigsten zufriedenstellend wird die Wartezeit bis zur Aufnahme und das Gestaltung des Maßnahmenendes bewertet. Auch die Zusammensetzung der Kindergruppe wird im Vergleich mit den anderen Aspekten eher negativ bewertet.

9.2 Beurteilung der Prozessqualität

Bei allen drei Skalen, welche die Selbstbestimmungstheorie nach Deci & Ryan messen, liegen die Mittelwerte zwischen vier und fünf, also zwischen ‚trifft eher zu' und ‚trifft völlig zu' (vgl. Tabelle 9.2). Die Modalwerte der einzelnen Items liegen alle bei fünf, d.h. bei jeder Frage kreuzten die meisten Eltern die positivste Möglichkeit an. Der Mittelwert der Skala ‚Einbezug der Eltern in den Ablauf der Maßnahme ' liegt bei 3.56, also zwischen ‚überwiegend/meistens' und ‚ganz genau/immer'. Auch hier wurde bei allen drei Fragen von den meisten Eltern der positivste Wert (Modalwert = 4) angegeben.

Tabelle 9.2:
Skalen der Prozessqualität (Stichprobenumfang, Mittelwert, Standardabweichung, Minimum und Maximum)

	N	*M*	*S*	*Min*	*Max*
Skala Autonomie[a]	51	4.32	0.71	1.71	5
Skala soziale Eingebundenheit[a]	53	4.53	0.66	2.67	5
Skala Kompetenz[a]	52	4.23	0.78	1.33	5
Skala Einbezug der Eltern in den Ablauf der Maßnahme[b]	53	3.56	0.63	0.67	4

Anmerkungen. Die Antwortmöglichkeiten sind folgendermaßen kodiert: [a] 1 = ‚trifft gar nicht zu', 2 = ‚trifft eher nicht zu', 3 = ‚teils teils', 4 = ‚trifft eher zu', 5 = ‚trifft völlig zu'. [b] 0 = ‚überhaupt nicht/niemals', 1 = ‚kaum/selten', 2 = ‚teilweise/manchmal', 3 = ‚überwiegend/meistens', 4 = ‚ganz genau/immer'.

Die Eltern geben somit an, dass sie das Gefühl haben, durch die MitarbeiterInnen in ihrer Autonomie und Kompetenz unterstützt zu werden und sozial eingebunden zu werden. Auch der Einbezug der Eltern in den Ablauf der Maßnahme wir durch die Eltern positiv bewertet.

9.3 Beurteilung der Ergebnisqualität

Tabelle 9.3 gibt eine Übersicht über die Beurteilung der Ergebnisqualität durch die Eltern.

Tabelle 9.3:

Skalen der Ergebnisqualität (Stichprobenumfang, Mittelwert, Standardabweichung, Minimum und Maximum)

	N	*M*	*S*	*Min*	*Max*
Skala Veränderung [a]	54	1.69	0.77	1	5
Skala Problemausmaß zu Beginn [b]	48	2.23	0.46	1.16	3.50
Skala Problemausmaß heute [b]	52	1.85	0.35	1.17	2.61
Skala Problembereiche zu Beginn [b]	47	3.35	0.65	1.33	4
Skala Problembereiche heute [b]	51	2.71	0.61	1	4
Problemhäufigkeit vor Maßnahme [c]	51	3.94	1.03	1	5
Problemhäufigkeit heute [c]	53	2.43	1.18	1	5
Skala Ergebnisbeurteilung [d]	54	2.99	0.70	1.57	4
Skala Gesamtzufriedenheit [d]	53	3.57	0.77	0	4
Skala Lebensqualität zu Beginn [e]	53	3.16	0.63	1.67	4.43
Skala Lebensqualität heute [e]	54	2.35	0.59	1.14	3.57
Skala Belastung zu Beginn [f]	52	4.01	0.80	1	5
Skala Belastung heute [f]	54	2.82	0.73	1	4.67

Anmerkungen: Die Antwortmöglichkeiten sind folgendermaßen kodiert: [a] 1 = ‚deutliche Besserung', 2 = ‚leichte Besserung', 3 = ‚keine Veränderung', 4 = ‚leichte Verschlechterung' 5 = deutliche Verschlechterung. [b] 1 = ‚trifft gar nicht zu', 2 = ‚trifft eher nicht zu', 3 = ‚trifft eher zu', 4 = ‚trifft völlig zu'. [c] 5 = ‚mehrmals täglich', 4 = ‚täglich', 3 = ‚mehrmals wöchentlich', 2 = ‚mehrmals monatlich' 1 = ‚seltener'. [d] 0 = ‚überhaupt nicht/niemals', 1 = ‚kaum/selten', 2 = ‚teilweise/manchmal', 3 = ‚überwiegend/meistens', 4 = ‚ganz genau/immer'. [e] 1 = ‚sehr gut', 2 = ‚eher gut', 3 = ‚teils teils' 4 = ;eher schlecht', 5 = ‚sehr schlecht'. [f] 1 = ‚überhaupt nicht belastet', 2 = ‚wenig belastet', 3 = ‚mäßig belastet' 4 = ‚stark belastet', 5 = ;sehr stark belastet'.

9.3.1 Direkte Beurteilung der Ergebnisqualität

Die direkte Veränderungsfrage hat einen Mittelwert von 1.69 und liegt somit zwischen ‚deutliche Besserung' und ‚leichte Besserung' der Situation durch die Tagesgruppe. 90.7% der Eltern kreuzten die Kategorien ‚leichte Besserung' oder ‚deutliche Besserung' an. Somit sehen die meisten Eltern eine positive Veränderung der Situation.

Die Beurteilung des Gesamtergebnisses liegt im Durchschnitt bei 2.99 und somit zwischen ‚teilweise/manchmal' und ‚überwiegend/meistens'. Der Modalwert ist zwei der sieben Items betreffend 4 (die positivste Kategorie) und die anderen fünf Items betreffend 3. Obwohl die Eltern das Ergebnis weniger positiv beurteilen als z.B. die Prozessqualität, beurteilen sie es dennoch positiv.

Der Mittelwert der Beurteilung der Gesamtzufriedenheit liegt bei 3.57, also zwischen ‚überwiegend/meistens' und ‚ganz genau/immer'. Bei allen drei Fragen ist der Modalwert 4, liegt also in der positivsten Kategorie. Bezüglich dieser Fragen kreuzten 63.5% bis 77.4% der Eltern die positivste Kategorie an, was dafür spricht, dass die meisten Eltern eine hohe Gesamtzufriedenheit haben.

Für die Fragen aus den FBB liegt eine Normstichprobe vor, so dass die in den Tagesgruppen gewonnenen Werte verglichen werden können. Tabelle 9.4 zeigt die Prozentrangbereiche zur Mutterversion der Normstichprobe (n=114).

Tabelle 9.4:

Prozentrangbereiche zur Mutterversion des FBB (Mattejat & Remschmidt, 1998a)

	Skala Ergebnis	Skala Beziehung	Gesamtskala	Prozentrangbereich
Deutlich unterdurchschnittlich	0-1.7	0-2.6	0-2.5	0-10
Unterdurchschnittlich	1.8-2.4	2.7-3.1	2.6-3.0	11-25
Durchschnittlich	2.5-3.3	3.2-3.9	3.1-3.7	26-75
Überdurchschnittlich	3.4-3.6	4.0	3.8	76-90
Deutlich Überdurchschnittlich	3.7-4.0	4.0	3.9-4.0	91-100

Die Tagesgruppenwerte werden mit der Mutterversion der Normstichprobe verglichen, da die Fragebögen zu über 70% von den Müttern ausgefüllt wurden. Für die Skala ‚Beziehung' werden die Skalen ‚Einbezug der Eltern in den Ablauf der Maßnahme' und ‚Gesamtzufriedenheit', wie in den FBB auch vorgesehen, zusammengefasst. Da nicht alle Items der Skala ‚Beziehung' übernommen wurden, basiert der Mittelwert der Tagesgruppen für die Skala

'Beziehung' auf 6 statt 14 Items und die Gesamtskala auf 13 statt 21 Items. Tabelle 9.5 vergleicht die Ergebnisse der Tagesgruppen Eckehardt mit denen der Normstichprobe.

Tabelle 9.5:
Bewertung der Ergebnisse der Tagesgruppen Eckehardt (Minimum, Maximum, Mittelwert, Standardabweichung und Bewertung)

	Min	*Max*	*M*	*S*	Bewertung
Skala Ergebnis	1.57	4	*2.99*	*0.59*	Durchschnittlich
Skala Beziehung	0.33	4	*3.57*	*0.66*	Durchschnittlich
Gesamtskala	1.31	4	*3.24*	*0.70*	Durchschnittlich

Anmerkungen: Die Antwortmöglichkeiten sind folgendermaßen kodiert: 0 = 'überhaupt nicht/niemals', 1 = 'kaum/selten', 2 = 'teilweise/manchmal', 3 = 'überwiegend/meistens', 4 = 'ganz genau/immer'.

Die Hypothesen zu den indirekt gemessenen Variablen der Ergebnisqualität werden mit dem T-Test für abhängige Stichproben geprüft. Ausnahme bildet die Hypothese zur Verringerung der Problemhäufigkeit. Da hier die Daten nur auf Rangniveau vorliegen wird die Hypothese mit dem Wilcoxon Test getestet. Zusätzlich sollen die Effektgrößen für die T-Tests angegeben werden und nach Bortz und Döring (1995, S. 567ff.) nach ihrer Größe klassifiziert werden. Unter einer kleinen Effektgröße versteht er Effektgrößen ab .2, Effektgrößen bis .5 klassifiziert er als 'mittel' und Effektgrößen ab .8 als 'groß'.

Während der Mittelwert der Skala 'Problemliste zu Beginn' bei 2.23 und somit zwischen 'trifft eher nicht zu' und 'trifft eher zu' liegt, so liegt er bei der Skala 'Problemliste heute' bei 1.85 also zwischen 'trifft eher nicht zu' und 'trifft gar nicht zu'. Die statistische Auswertung zeigt, dass sich die Probleme der Tagesgruppenkinder aus der Sicht der Eltern von 'vor der Tagesgruppe' zu 'heute' verringern; $t = 7.325$, $DF = 46$, $p < .01$. Die Effektgröße liegt bei 1.22 und zählt somit zu der Kategorie 'groß'.

Der Mittelwert der Skalen 'Problembereiche' sinkt von 3.35 zu Beginn der Tagesgruppe auf 2.71 (also von zwischen 'trifft eher zu' und 'trifft völlig zu' auf zwischen 'trifft eher nicht zu' und 'trifft völlig zu'). Auch hier zeigt die statistische Auswertung, dass die Probleme der Tagesgruppenkinder 'heute' in weniger Bereichen auftreten als 'vor der Tagesgruppe', $t = 5.629$, $DF = 45$, $p < .01$. die Effektgröße liegt mit 1.23 im großen Bereich.

Die Problemhäufigkeit zu Beginn liegt im Durchschnitt bei 3.94 und somit zwischen ‚mehrmals wöchentlich' und ‚täglich' und sinkt zum Zeitpunkt ‚heute' auf 2.43 also zwischen ‚mehrmals wöchentlich' und ‚mehrmals monatlich'. Die Probleme der Tagesgruppenkinder treten ‚heute' seltener auf als ‚vor der Tagesgruppe', $z = -5.252$, $p < .01$. Es zeigt sich eine große Effektgröße von1.96.

Der Mittelwert der Skala Lebensqualität zu Beginn liegt bei 3.16 zu Beginn der Tagesgruppe (zwischen teils teils und eher schlecht) und zum Zeitpunkt ‚heute' bei 2.35 (zwischen ‚eher gut' und ‚teils teils'). Auch für den ILK liegen Vergleichswerte einer Pilotstudie vor. Für die Pilotstudie wurden Kinder, Jugendliche und Eltern befragt, die sich in einer Kinder- und Jugendpsychiatrischen Ambulanz vorstellten. Es handelt sich also um eine unausgewählte Inanspruchnahmepopulation (Mattejat et al., 1998). Es gaben 46 Eltern über ihr Kind Auskunft. Tabelle 9.6 zeigt die Werte des ILK zu Beginn der Tagesgruppe und heute und die Vergleichswerte der Pilotstudie.

Tabelle 9.6:
Vergleich der Elternangaben zur Lebensqualität der vorliegenden Studie mit der ILK-Pilotstudie

	Vorliegende Studie		ILK Pilotstudie
	ILK zu Beginn	ILK heute	
Schule [a]	3.64	2.47	2.83
Familie [a]	3.02	2.34	1.78
Andere Kinder [a]	3.37	2.44	2.49
Allein [a]	2.96	2.32	2.5
Gesundheit [a]	2.31	1.85	1.83
Nerven/Laune [a]	3.43	2.63	2.87
Alles zusammen [a]	3.39	2.33	2.37
Skala ILK [a]	**3.16**	**2.35**	
Belastung Kind [b]	3.86	2.8	3.09
Belastung Eltern [b]	4.3	2.91	3.18
Belastung Familie [b]	3.94	2.77	
Skala Belastung [b]	**4.01**	**2.82**	

Anmerkungen: Die Antwortmöglichkeiten sind folgendermaßen kodiert: [a] 1 = ‚sehr gut', 2 = ‚eher gut', 3 = ‚teils teils' 4 = ;eher schlecht', 5 = ‚sehr schlecht'. [b] 1 = ‚überhaupt nicht belastet', 2 = ‚wenig belastet', 3 = ‚mäßig belastet' 4 = ‚stark belastet', 5 = ;sehr stark belastet'.

Die Lebensqualität des Kindes steigt aus Sicht der Eltern von ‚vor der Tagesgruppe' zu ‚heute' an, $t = 8.926$, $DF = 52$, $p < .01$. Die Effektgröße liegt mit 1.39 in der Kategorie ‚groß'.

Der Mittelwert der Belastungsskalen sank von 4.01 auf 2.82 und somit von zwischen ‚stark belastet' und ‚sehr stark belastet' auf zwischen ‚wenig belastet' und ‚mäßig belastet'. Die Belastung von Kind, Eltern und Familie nimmt aus der Sicht der Eltern in der Zeit von ‚vor der Tagesgruppe' zu ‚heute' ab, $t = 9.609$, $DF = 51$, $p < .01$. Es zeigt sich eine große Effektgröße von 1.75.

Zusammenfassend kann gesagt werden, dass alle Hypothesen zu den indirekt gemessenen Variablen der Ergebnisqualität durch hoch signifikante Ergebnisse bestätigt werden. Zusätzlich nehmen alle Effektgrößen eine Höhe an, die von Bortz und Döring (1995, S. 567ff) als groß klassifiziert werden.

10 DISKUSSION

10.1 Repräsentativität der Stichprobe

Die Rücklaufstichprobe dieser Studie beträgt 74% (vgl. Kap. 8.1). Nach Spießl, Cording und Klein (1997) liegt die Zahl der ‚Nicht-Antworter' typischerweise zwischen 20 und 80%. Somit ist der Rücklauf der Fragebögen als hoch zu bewerten und ein Zeichen dafür, dass die Eltern, die geantwortet haben, repräsentativ sind für die Eltern der Tagesgruppe Eckehardt. Um sicher zu gehen, dass die 19 Eltern, die nicht geantwortet hatten, sich nicht von den 54 Eltern, die geantwortet hatten, unterschieden, wurden beide Gruppen hinsichtlich der Angaben, die von den MitarbeiterInnen vorlagen, verglichen. Keiner der insgesamt 23 Tests zeigt sich als signifikant. Diese hohe Übereinstimmung der beiden Gruppen spricht dafür, dass die Rücklaufstichprobe repräsentativ ist, für die angeschriebene Stichprobe.

In diese Untersuchung wurden sowohl Familien einbezogenen, deren Kind aktuell noch in einer Tagesgruppe war und Familien, deren Kind die Tagesgruppe schon verlassen hatten. Um auszuschließen, dass diese Gruppen sich voneinander in relevanten Aspekten unterscheiden, werden beide Gruppen wieder hinsichtlich der Angaben der MitarbeiterInnen miteinander verglichen. Einen signifikanten Unterschied gibt es nur bezüglich der Schulform zu Beginn der Tagesgruppe, einen tendenziellen Unterschied bei Familienzusammensetzung zu Beginn der Tagesgruppe und psychische Erkrankung der Eltern (vgl. Kap. 6.2.2). Bei der hohen Anzahl der Variablen, die untersucht werden (23 Variablen) ist die Wahrscheinlichkeit groß, dass signifikante Effekte auftreten (bekannt als ‚Fischen' nach Signifikanzen, vgl. Lösel & Nowack, 1987). Die hohe Übereinstimmung spricht dafür, beide Gruppen zusammen auszuwerten, um somit eine größere Stichprobenanzahl zu haben und somit aussagekräftigere Ergebnisse zu erzielen. Allerdings sollten die gefundenen Unterschiede bei weiteren Untersuchungen berücksichtigt werden. Hier stellt sich die Frage, ob die gefundenen Unterschiede einem Trend entsprechen, dahingehend, dass die MitarbeiterInnen der Tagesgruppen vermehrt mit Kindern arbeiten, die eine Schule für Erziehungshilfe besuchen, die bei einem alleinerziehenden Elternteil aufwachsen und deren Eltern psychisch krank sind.

Der Vergleich der angeschriebenen Stichprobe mit Stichproben anderer Untersuchungen zeigt eine hohe Übereinstimmung (vgl. Kap. 6.2.2). Es kann somit davon ausgegangen werden, dass es sich bei den Tagesgruppen der Jugendhilfe Eckehardt um Tagesgruppen handelt, die typisch sind für Tagesgruppen in Deutschland. Somit kann auch davon ausgegangen werden, dass die Befragung der Eltern der Tagesgruppen der Jugendhilfe Eckehardt repräsentativ ist für Eltern von Tagesgruppenkindern in Deutschland generell.

Zusammenfassend kann gesagt werden, dass alle untersuchten Merkmale der Stichprobe dafür sprechen, dass die Ergebnisse dieser Untersuchung repräsentativ sind für Tagesgruppenarbeit der Jugendhilfe Eckehardt und für Tagesgruppenarbeit im allgemeinen. Dies spricht dafür, dass die Validierung des Fragebogens an dieser Stichprobe aussagekräftig ist für die Validität des Fragebogens generell und dass die Evaluation der Tagesgruppen Eckehardt mit den Daten der Stichprobe repräsentativ ist für die Evaluation der Tagesgruppenarbeit innerhalb der Jugendhilfe Eckehardt.

10.2 Diskussion der Validierung des QuBuS-TG-E

Ein Ziel dieser Arbeit besteht in der Entwicklung und Validierung eines Fragebogens zur Erfassung der Struktur-, Prozess- und Ergebnisqualität von Tagesgruppenarbeit aus Elternsicht. In diesem Teil des Kapitels sollen nun die Ergebnisse der Validierung diskutiert werden. Hierfür soll als erstes auf die psychometrischen Eigenschaften und anschließend auf die Validität des QuBuS-TG-E eingegangen werden.

10.2.1 Psychometrische Eigenschaften des QuBuS-TG-E

Der hohe Rücklauf der verschickten Fragebögen ist ein Zeichen dafür, dass der QuBuS-TG-E trotz des großen Umfangs von den Eltern gut angenommen wurde. Nur 4,1% der Eltern brauchten Hilfe beim Ausfüllen. Auch wenn manche Eltern einzelne Fragen nicht beantworteten, füllten sie den Fragebogen in der Regel zumindest so vollständig aus, dass Skalenwerte gebildet werden konnten.

Bei vielen Fragen nutzten die Eltern die Antwortmöglichkeiten gut aus, so dass keine Änderungen der Skalierung vorgenommen werden müssen. Bei den Items, die nach Zufriedenheit fragen, ergeben sich jedoch Schwierigkeiten, wie sie sich bei Zufriedenheitsbefragungen häufig ergeben. So kreuzten die meisten Eltern die Kategorien ‚zufrieden‘ bzw. ‚völlig zufrieden‘ an, so dass es zu einer deutlich schiefen Verteilung kommt. Damit die Fragen auch im positiven Bereich besser differenzieren, wäre es sinnvoll, die Skalierung zu verschieben oder um eine positive Kategorie zu erweitern. Ein Vorschlag aus der Zufriedenheitsbefragung wäre hier, noch eine extremere Kategorie wie z.B. ‚das Beste was ich je gesehen habe‘ dazuzunehmen.

Bei den Fragen nach weiteren Hilfen und Fremdplatzierung deutet die relativ geringen Antwortzahlen darauf hin, dass manche Eltern mit dem Antwortformat Probleme gehabt haben könnten. Dies würde dafür sprechen, die Frage von den TagesgruppenmitarbeiterInnen beantworten zu lassen, was auch den QuBuS-TG-E wieder ökonomischer machen würde. Die MitarbeiterInnen haben diese Informationen zumindest für die Zeit vor und während der Tagesgruppe, so dass diese Frage nur katamnestisch erfragt werden müsste.

Nur wenige Eltern beantworteten die offenen Fragen der Skalen ‚Problemausmaß zu Beginn der Tagesgruppe‘ und ‚Problemausmaß heute‘, so dass davon ausgegangen werden kann, dass die Symptomcheckliste umfangreich genug ist. Die beiden offenen Fragen am Ende des Fragebogens wurden zwar von vielen Eltern ausgefüllt, aber die Mitteilungen enthielten meist nur Informationen, die auch schon im Fragebogen enthalten waren oder die sehr spezifisch waren. Die Durchsicht der Antworten gab keine Anregungen für weitere Aspekte die im QuBuS-TG-E noch zusätzlich erfragt werden sollten.

Die Skalenanalysen ergeben für fast alle Items gute Kennwerte, so dass nur ein Item wegen mangelnder interner Konsistenz aus dem Fragebogen genommen werden musste. So wurde das Item ‚Die Mitarbeiter vermittelten uns damals das Gefühl, dass wir die Experten für unser Problem sind‘ der Kompetenzskala von vielen Eltern anscheinend falsch verstanden.

Zusammenfassend kann gesagt werden, dass die Skalenanalysen und die Betrachtung der Items trotz einiger kleiner Verbesserungsvorschläge auf eine gute psychometrische Qualität der Items und auf eine interne Konsistenz der Skalen des QuBuS-TG-E hinweisen. Allerdings wäre es wünschenswert, zur genaueren Betrachtung der Reliabilität in weiteren Untersuchungen die Retest-Reliabilität oder die split-half Reliabilität zu betrachten.

Neben der Reliabilität (bzw. internen Konsistenz) ist jedoch auch die Objektivität für die Validität von Bedeutung. Durchführungs- und Auswertungsobjektivität können beim QuBuS-TG-E als gegeben betrachtet werden, da die Eltern alle das gleiche Anschreiben (und somit die gleiche Instruktion) bekommen hatten und nur die Fragen mit geschlossenem Antwortformat ausgewertet werden (vgl. Kap 8.2.1). Da keine Normwerte vorliegen, ist bisher auch noch keine Interpretationsobjektivität gegeben. Darauf soll in Kapitel 10.3 näher eingegangen werden.

Das QuBuS-TG-E wurde ursprünglich so konstruiert, dass es in verschiedene Fragebögen aufgeteilt werden kann, die dann zu Beginn der Maßnahme (Teil A des QuBuS), am Ende der Maßnahme (Teil B und C) und evtl. noch katamnestisch eine bestimmte Zeit nach Beendigung der Maßnahme (Teil C) eingesetzt werden können. Dies würde das Ausfüllen des Fragebogens ökonomischer werden lassen, da die Eltern immer nur ein bis zwei statt alle drei Teile beantworten müssen. Des weiteren besteht die Hoffnung, dass Reliabilität und Validität steigen, wenn die Eltern Probleme, Lebensqualität und Belastung immer für die aktuelle Situation beurteilen sollen und nicht retrospektiv. Die geringere Antwortzahl bei diesen Fragen im Teil A gegenüber Teil C spricht dafür, dass einigen Eltern diese retrospektive Betrachtung schwerfällt.

10.2.2Validität des QuBuS-TG-E

Da Objektivität und Reliabilität (bzw. interne Konsistenz) des QuBuS-TG-E gegeben sind, sind die Voraussetzungen für die Validität erfüllt. Der QuBuS-TG-E besitzt eine hohe Augenscheinvalidität, was auch von den MitarbeiterInnen der Tagesgruppen bestätigt wurde.

In Bezug auf die erfasste Strukturqualität wird die Augenscheinvalidität für ausreichend empfunden. Die Strukturqualität wird in der Regel objektiv erfasst. Die Beurteilung durch die Eltern dient als Information für die MitarbeiterInnen und wird nicht quantitativ ausgewertet.

Zur Erfassung der Prozessqualität wird auf bestehende Skalen zurückgegriffen, die auf der Selbstbestimmungstheorie von Deci & Ryan beruhen. Sowohl für die Theorie als auch für die Skalen gibt es Validitätshinweise, so dass hier auf eine Überprüfung verzichtet werden konnte (vgl. Kap. 3.2.2). Auch für die Variablen, die aus den Fragebögen zur Beurteilung der Behandlung entnommen wurden, gibt es Validitätsuntersuchungen.

Zur Bestimmung der Validität der Ergebnisqualität soll die Konstruktvalidität bestimmt werden. Hierfür wird der Zusammenhang zwischen Prozess- und Ergebnisvariablen untersucht. Wie in Kapitel 3.2.2 dargelegt, soll eine von den Eltern hoch beurteilte Prozessqualität mit einer hoch beurteilten Ergebnisqualität zusammenhängen. Da die Ergebnisqualität im QuBuS-TG-E mehrdimensional erfasst wird, soll dies für alle Dimensionen gelten.

Die Untersuchungen der vorhergesagten Zusammenhänge ergeben folgende Ergebnisse:

Der vorhergesagte Zusammenhang zwischen den Prozessvariablen und der direkten Beurteilung der Ergebnisqualität (Skalen: Veränderung, Ergebnisbeurteilung und Gesamtzufriedenheit) zeigt sich über alle Hypothesen hinweg als signifikant bis hoch signifikant. Die Zusammenhänge weisen nachweisbare Effektgrößen, die nach Bortz & Döring (1995, S.567ff.) zwischen klein und groß klassifiziert würden (s. Kap 8.3), auf. Somit ist von einer Validität der Skalen der direkten Beurteilung der Ergebnisqualität auszugehen.

Der vorhergesagte Zusammenhang zwischen Prozessvariablen und der indirekten Beurteilung der Ergebnisqualität (Skalen: Problemausmaß, Problembereiche, Problemhäufigkeit, Lebensqualität und Belastung) zeigt sich nur zum Teil als signifikant. Die Zusammenhänge weisen kleine Effektgrößen oder nicht mehr nachweisbare Effektgrößen auf. Die deutlichsten Hinweise auf Validität der Skalen gibt es hier für die Skalen ‚Problemausmaß' und ‚Belastung'.

Bei der Betrachtung der Validität der einzelnen Ergebnisskalen fällt auf, dass die postulierten Zusammenhänge zwischen Prozess- und Ergebnisvariablen bei den direkt gemessenen Ergebnisvariablen höher ausfallen als bei den indirekt gemessenen. Dies kann zum einen durch methodische Probleme erklärt werden. Bei den indirekt gemessenen Werten werden zwei Variablen miteinander verrechnet. Da dies nur dann möglich ist, wenn die Eltern auch beide Fragen beantwortet haben, gibt es hier eine kleinere Anzahl. Des weiteren gehen Messfehler hier zweimal ein, da beide Werte messfehlerbehaftet sein können. Die geringere Antworteranzahl bei den Fragen ‚vor der Tagesgruppe' im Vergleich zu ‚heute' deutet darauf hin, dass den Eltern die retrospektive Betrachtung schwerer gefallen ist und somit die Reliabilität und Validität dieser Skalen sinkt. Um dies auszuschließen, müsste der Fragebogen zu verschiedenen Zeitpunkten eingesetzt werden.

Die geringe Validität der Skalen Problembereiche und Problemhäufigkeit deutet darauf hin, dass diese Skalen überarbeitet werden sollten. Ein Vorschlag wäre hierbei, diese Fragen nicht global über alle Probleme zu stellen, sondern wie bei der Skala ‚Problemausmaß' für jedes Problem einzeln. Dies würde den Fragebogen zwar wieder komplexer werden lassen, könnte jedoch durch Vereinfachungen an anderen Stellen und dem Aufteilen in Fragebögen, die zu verschiedenen Zeitpunkten eingesetzt werden, kompensiert werden.

Auffallend ist auch die geringe Validität der Skala Lebensqualität. Auch hier müsste erst überprüft werden, ob die Validität nicht steigt, wenn die Eltern immer nur die aktuelle Lebensqualität ihres Kindes beurteilen müssten. Ansonsten wirft dies die Frage auf, ob die Beurteilung der Lebensqualität durch die Eltern nicht für Qualitätssicherung geeignet ist.

Verschiedene Versuche, die verschiedenen Aspekte der Ergebnisqualität zu einem Indexwert für Ergebnisqualität generell zu integrieren, sind daran gescheitert, dass die Gewichtung und die Art der Verrechnung der einzelnen Aspekte nicht geklärt werden konnten. Für eine empirisch-analytische Gewichtsbestimmung standen nicht genügend Versuchspersonen zur Verfügung (vgl. Bortz & Döring, 1995, S. 132ff.). Die Tatsache, dass die einzelnen Skalen zur Ergebnisqualität untereinander keine durchgängig hohen Zusammenhänge aufweisen, weißt darauf hin, dass es sich hier tatsächlich um mehrere Dimensionen handeln, die auch mehrdimensional erfasst werden sollten. Der Zusammenhang der einzelnen Aspekte der Ergebnisqualität untereinander sollte in weiteren Studien mit größeren Stichproben noch genauer untersucht werden.

Andere Validierungsmöglichkeiten wären noch die inhaltliche Validierung und die kriteriumsbezogene Validierung (vgl. Fisseni, 1990, S. 76ff). ‚Inhaltliche Validität ist dann gegeben, wenn der Inhalt der Test-Items das Zielmerkmal hinreichend genau definiert.' (Fisseni, 1990, S. 77). Da die Zielmerkmale von Jugendhilfemaßnahmen bisher noch nicht einheitlich definiert wurden, ist die inhaltliche Validierung hier weniger geeignet. Für die Validierung an einem

Außenkriterium (kriteriumsbezogene Validität) müssen bezüglich verschiedener Skalen valide Außenkriterien gefunden werden.

10.3 DISKUSSION DER EVALUATION DER TAGESGRUPPE

Das zweite Ziel dieser Arbeit besteht in der Evaluation der Arbeit der Tagesgruppen der Jugendhilfe Eckehardt. Die Ergebnisse dieser Evaluation sollen in diesem Teil des Kapitels diskutiert werden. Da dies die erste Erhebung mit dem QuBuS-TG-E ist, liegen für andere Tagesgruppen keine Vergleichswerte vor.

In Bezug auf die Strukturqualität kann gesagt werden, dass die Eltern die Zufriedenheit mit den einzelnen Aspekten als recht hoch bewertet. Obwohl die Werte alle im positiven Bereich und recht dicht beieinander liegen, gibt es doch kleine Abstufungen. Am negativsten werden die Wartezeit bis zur Aufnahme und die Gestaltung des Maßnahmenendes bewertet. Bei der Rückmeldung der Ergebnisse an die MitarbeiterInnen der Tagesgruppen der Jugendhilfe Eckehardt wurde diskutiert, inwieweit das Ende der Maßnahme flexibler gestaltet werden kann. Hier könnte vielleicht noch eine Befragung der Eltern anknüpfen, wie sie sich die Beendigung der Maßnahme wünschen würden und ob es noch eine Form der Nachbetreuung geben sollte. Solche Änderungen sind jedoch nicht nur von der Tagesgruppe abhängig, da die Bedingungen, ähnlich wie bei der Wartezeit, auch vom Jugendamt mit geprägt werden. Diese Ergebnisse können jedoch die Leiter von Tagesgruppen für Verhandlungen mit dem Jugendamt nutzen, um so eine Finanzierung von Nachbetreuung einfacher zu gestalten. Am positivsten bewerteten die Eltern die Auswahl an Spiel- und Freizeitangeboten und die Räumlichkeiten.

Wie erwartet, bewerteten die Eltern die Arbeit der TagesgruppenmitarbeiterInnen als sehr positiv. Bei den Skalen der Prozessqualität kreuzten die meisten Eltern die positivste Kategorie an, bei allen vier Skalen liegt der Mittelwert zwischen der positivsten und der zweit-positivsten Kategorie. Dies deutet auf eine hohe Zufriedenheit der Eltern mit der Arbeit der MitarbeiterInnen hin.

Die Variablen der Skalen ‚Einbezug der Eltern in den Ablauf der Maßnahme' (Prozessqualität) und ‚Gesamtzufriedenheit' (Ergebnisqualität) wurden von der Skala ‚Beziehung' der FBB übernommen. Fasst man diese beiden Skalen wieder zusammen, kann man diese mit Normwerten der FBB vergleichen.

Berücksichtigt werden muss hierbei allerdings, dass diese zusammengefasste Skala nur aus sechs Items besteht, die Skala ‚Beziehung‘ der FBB dagegen aus 14 Variablen (vgl. Kap 9.2). Des weiteren ist einschränkend anzumerken, dass die Normwerte der FBB nur für die Arbeit einer Kinder- und Jugendpsychiatrischen Ambulanz vorliegen. Vergleicht man trotzdem die Beurteilung der Tagesgruppen mit den Normwerten, so zeigt sich ein durchschnittliches Ergebnis. Die Betrachtung der Normwerte der FBB verdeutlicht, dass die Eltern Unterstützung generell als sehr positiv beurteilen und dass es somit schwierig ist, positive Ergebnisse einer Elternbefragung zu interpretieren. Allerdings stellen die Normwerte auch die Skalierung der FBB in Frage. Da sich hier ein eindeutiger Deckeneffekt zeigt (so ist z.B. der Wert 3.9 bei der Skala Beziehung als durchschnittlich und der Wert 4 sowohl als überdurchschnittlich als auch als deutlich überdurchschnittlich klassifiziert), stellt sich die Frage, warum die Skala nicht nach oben hin weiter ausdifferenziert wurde. Spießl, Clemens und Cording (1997) berichten, dass bei Patientenbefragungen in psychiatrischen Krankenhäusern etwa 80% der Befragten sich positiv über die Behandlung äußern und bei Patientenbefragungen in Allgemeinkrankenhäusern ca. 60% der Befragten. Dies verdeutlicht die Wichtigkeit, dass Standardinstrumente entwickelt werden, die in verschiedenen Einrichtungen eingesetzt werden, um die Ergebnisse einordnen zu können. Des weiteren verdeutlicht dies, die Wichtigkeit, die Skalen so zu konstruieren, dass Deckeneffekte vermieden werden, um gerade auch im oberen Bereich differenzieren zu können.

Die Eltern zeigen sich auch mit dem Ergebnis bzw. den Fortschritten der Tagesgruppenarbeit zufrieden. Sowohl die direkte Veränderungsmessung, als auch die Fragen nach Gesamtzufriedenheit und nach dem Gesamtergebnis werden positiv beurteilt. Für die Skala ‚Ergebnis‘ liegen wieder Vergleichswerte der FBB-Normstichprobe vor. Hiervon wurden alle Items übernommen und auf Tagesgruppenarbeit angepasst. Auch hier erreicht die Tagesgruppe Eckehardt ein durchschnittliches Ergebnis. Hier gelten jedoch bei der Interpretation dieselben Einschränkungen wie bei der Skala ‚Belastung' der FBB.

Bei der indirekt beurteilten Ergebnisqualität kann berechnet werden, ob sich die Werte ‚vor der Tagesgruppe‘ zu ‚heute‘ signifikant geändert haben. Alle der getesteten Unterschiede zeigen sich hoch signifikant. So sinken Problemausmaß, -bereiche und –häufigkeit signifikant in der Zeit, die eingeschätzte Lebensqualität der Kinder steigt signifikant und die Belastung wiederum sinkt signifikant. Bei dem Vergleich der Werte der Skalen Lebensqualität mit den Daten der ILK Pilotstudie (vgl. Tabelle 9.6) fällt auf, dass die Werte ‚zu Beginn' deutlich über den Werten der Pilotstudie liegen und die Werte ‚heute' leicht unter den Vergleichswerten. Zum Anfangszeitpunkt beurteilen die Eltern die Lebensqualität ihrer Kinder niedriger und die Belastung höher als Eltern, die mit ihren Kindern in eine Kinder- und Jugendpsychiatrische Ambulanz kommen. Die Lebensqualität steigt dann jedoch und die Belastung sinkt, wenn auch die Probleme noch vorhanden sind. Hierbei muss jedoch auch beachtet werden, dass die Stichprobe sowohl aus Eltern besteht, deren Kinder die Tagesgruppe schon verlassen haben, als auch aus Eltern, deren Kinder aktuell noch in einer Tagesgruppe sind. Da die Signifikanztests jedoch auch mit dieser gemischten Gruppe hoch signifikant wurden, wurde auf eine Aufteilung in die beiden Gruppen verzichtet.

10.4 Einschränkungen der Untersuchung und Ausblick

Zusammenfassend kann gesagt werden, dass mit dem QuBuS-TG-E ein Fragebogen zur Bewertung von Tagesgruppenarbeit aus Elternsicht vorliegt, der gute psychometrische Eigenschaften und zufriedenstellende Gütekriterien aufweist. Hiermit ist ein erster Schritt geschaffen ein Instrument zur Verfügung zu stellen, das sowohl Struktur-, Prozess und Ergebnisqualität misst. Auch die weiteren Forderungen, dass der Fragebogen theoriegeleitet entwickelt wurde und das die Ergebnisqualität mehrdimensional erfasst wird, werden durch diesen Fragebogen erfüllt. Der Fragebogen bildet somit eine gute Grundlage dafür, Beurteilungen von vielen Eltern mit Kindern in der Tagesgruppe zu erfragen, um somit eine Vergleichspopulation und somit eine Normierung zu haben. Wenn Daten aus vielen Tagesgruppen vorliegen würden, könnten die MitarbeiterInnen ihre Ergebnisse im Gesamtvergleich betrachten.

Einschränkend muss jedoch gesagt werden, dass die Daten für die Validierung des QuBuS-TG-E mit 54 Eltern, die an der Befragung teilgenommen hatten, auf einer recht kleinen Stichprobe beruhen. Wünschenswert wären eine weitere Validierung an einer größeren Stichprobe, um die gefundenen Hinweise zu fundieren. Auch wenn zwischen den beiden Gruppen

‚Eltern, deren Kinder noch in einer Tagesgruppe sind‘ und ‚Eltern, deren Kinder die Tagesgruppe schon verlassen haben‘ keine Unterschiede festgestellt wurden, wäre es sinnvoll die Befragung immer zu festen Zeitpunkten, z.B. zu Beginn, nach Beendigung und eine bestimmte Zeit nach Beendigung durchzuführen.

In dieser Arbeit wird nur auf einen linearen Zusammenhang zwischen Prozess- und Ergebnisqualität eingegangen, denkbar wäre aber auch die Untersuchung von kurvenlinearen Zusammenhängen, z.B. ob erst eine bestimmte Schwelle überschritten werden muss, bevor sich der Zusammenhang zeigt. Weitere Untersuchungsmöglichkeiten sind die Untersuchung von Moderatorvariablen. So sind viele Faktoren denkbar, die trotz guter Arbeit der TagesgruppenmitarbeiterInnen positiver Entwicklung entgegenwirken. Das QuBuS-TG-E erfasst viele Variablen, die über Struktur-, Prozess- und Ergebnisqualität hinausgehen, die daraufhin noch weiter untersucht werden können. So wird mit der Skala ‚Problemausmaß zu Beginn‘ oder auch mit der Skala ‚Belastung zu Beginn‘ der Leidensdruck der Eltern gemessen, der einen moderierenden Einfluss auf Erfolg und Zufriedenheit mit der Maßnahme haben kann. Hunstein (1999) stellt ein Modell der Patientenzufriedenheit auf, nachdem die Zufriedenheit abhängig von der Erwartung an Erfolg ist. Die Erwartung der Eltern an den Erfolg der Maßnahme werden im QuBuS-TG-E ebenfalls erfasst. Ähnlich wie die Erfolgserwartung kann auch die Motivation der Eltern eine Rolle spielen. Das QuBuS-TG-E erfragt auch die ‚Freiwilligkeit‘, mit der die Eltern an der Tagesgruppenmaßnahme teilnehmen bzw. inwieweit es von außen (durch das Jugendamt) bestimmt wurde. Weiter können einige Daten, die in dieser Untersuchung von den MitarbeiterInnen erhoben wurden, auf ihren moderierenden Einfluss untersucht werden. Hierzu bietet sich z.B. die Frage danach an, wer die Maßnahme beendet hat (und somit indirekt, ob die Maßnahme regulär beendet oder abgebrochen wurde) oder ganz allgemein die Dauer der Betreuung in der Tagesgruppe. Die Untersuchung von weiteren Einflüssen auf den Erfolg von Jugendhilfemaßnahmen sollte Gegenstand von weiteren Untersuchungen sein. Für die Unterteilung der Stichprobe in verschiedene Untergruppen, um so die moderierenden Einflüsse untersuchen zu können, sollte eine möglichst große Stichprobe vorliegen, so dass die einzelnen Untergruppen noch groß genug sind.

Die Validierung des QuBuS-TG-E erfolgt in dieser Arbeit über die Bestimmung der Konstruktvalidität. Eine hohe Augenscheinvalidität liegt ebenfalls vor. Nicht näher betrachtet werden interne und externe Validität. Bei der internen Validität geht es um die kausale Schlussfolgerung. Validitätsgefährdungen bestehen in erster Linie durch zwischenzeitliches Geschehen und Reifung. Eine Möglichkeit, das zwischenzeitliche Geschehen zu kontrollieren, besteht darin, evtl. wichtige Ereignisse zu erfassen und ihren Einfluss zu untersuchen. Zur Kontrolle der Reifung könnten die Effekte der Tagesgruppenarbeit für verschiedene Altersstufen der Kinder getrennt betrachtet werden. Die Möglichkeit, eine Untersuchung mit Kontrollgruppendesign durchzuführen, ist für diese Fragestellung nur schwer möglich. Die Wartezeiten bis zur Aufnahme sind relativ kurz, so dass mit einer Wartegruppe nur kurzzeitige Veränderungen verglichen werden können. Es dürfte sich als schwer erweisen, Familien mit ähnlichen Problemen zu finden, so dass eine gematchte Stichprobe gebildet werden kann. Hinweise für ein Vorliegen von externer Validität (Generalisierbarkeit der Befunde über Personen, Situationen und Zeitabschnitte) liefern nach Cook & Campbell (1979, S.74ff) eher viele kleine Untersuchungen als eine Studie mit einer möglichst repräsentativen Stichprobe. Diese kann somit am ehesten durch Replikation nachgewiesen werden. Eine Gefährdung der Konstruktvalidität liegt im Problem der sozialen Erwünschtheit. Die Eltern geben vielleicht positivere Auskünfte, um die MitarbeiterInnen nicht negativ zu beurteilen, die sich zeitlich ja sehr intensiv um die Familien bemüht haben. Dadurch wären auch die positiven Ergebnisse bei Zufriedenheitsbefragungen zu erklären. Eine Möglichkeit dies einzuschränken ist, die Eltern darauf hinzuweisen, dass ihre Kritik zu langfristigen Verbesserungen führen kann. Eine weitere Wichtigkeit ist die Zusicherung der Anonymität der Befragung, die bei dieser Untersuchung gegeben war.

In dieser Untersuchung wurde aus zeitlichen Gründen ein querschnittliches Design gewählt. Das QuBuS-TG-E ist jedoch so konstruiert, dass es zu längsschnittlichen Untersuchungen eingesetzt werden kann (vgl. Kap. 6.3.2). Dies hat den Vorteil, dass die Eltern keine retrospektiven Beurteilungen anstellen müssen und somit sich die Gefahr von Verzerrungen vermindert. Des weiteren wurde das Qualitätsbeurteilungssystem so konstruiert, dass Versionen entwickelt werden können, um andere Einrichtungen zu beurteilen (für Erziehungsberatungsstellen vgl. Burkhardt, 2002) und um Versionen zur

Befragung von MitarbeiterInnen, Kindern bzw. Jugendlichen und für MitarbeiterInnen des Jugendamtes parallel zum vorliegenden Fragebogen zu entwickeln. Damit gäbe es weitere Kriterien, mit denen die Elternaussagen verglichen werden können. Dies könnte Hinweise für eine kriteriumsbezogene Validität liefern. Für die Aspekte, für die Außenkriterien herangezogen werden können, kann dann vergleichend untersucht werden, wie valide die einzelnen Angaben sind. Dies kann Aufschluss darüber geben, von wem bestimmte Angaben am besten erfragt werden sollten, wenn es zu aufwendig ist, dass Außenkriterium routinemäßig mit zu erfassen.

11 ZUSAMMENFASSUNG

In dieser Untersuchung wurden 81 Eltern angeschrieben, deren Kinder eine der Tagesgruppen der Jugendhilfe Eckehardt besuchten bzw. in den letzten zwei Jahren besucht hatten. Die Eltern bekamen den neu entwickelten Fragebogen „Tagesgruppenarbeit aus Elternsicht" des Qualitätsbeurteilungssystems für Hilfen zur Erziehung (QuBuS-TG-E) zugeschickt. Der Fragebogen erfragt Aspekte der Struktur-, Prozess- und Ergebnisqualität. Die Ergebnisqualität wird mehrdimensional erfasst, wobei Skalen unterschieden werden können, welche die Ergebnisqualität direkt bzw. indirekt messen. Die Zielsetzung dieser Arbeit besteht zum einen in der Entwicklung und Validierung des Fragebogens. Der Fragebogen verfügt über gute psychometrische Eigenschaften; Objektivität und interne Konsistenz der Skalen sind gegeben. Zur Validierung der Skalen der Ergebnisqualität wird die Selbstbestimmungstheorie von Deci und Ryan (1985) herangezogen. Zwischen den Skalen der Selbstbestimmungstheorie und allen direkt gemessenen Skalen der Ergebnisqualität sowie für einen Teil der indirekt gemessenen Skalen der Ergebnisqualität zeigt sich ein signifikanter Zusammenhang und somit erste Hinweise für die Validität der Skalen. Eine weitere Zielsetzung dieser Arbeit besteht in der Evaluation der Tagesgruppen der Jugendhilfe Eckehardt. Hier zeigt sich bei den direkt gemessenen Skalen, dass die Eltern mit der Tagesgruppenarbeit zufrieden bis sehr zufrieden sind und die Arbeit als positiv bewerten. Die indirekt gemessenen Skalen zeigen für alle Skalen signifikante Verbesserungen in der Zeit vom Eintritt in die Tagesgruppe bis zum Zeitpunkt der Befragung.

12 LITERATURVERZEICHNIS

Berufsverband Deutscher Psychologinnen und Psychologen e. V. (Hrsg.). (1986). *Berufsordnung für Psychologinnen und Psychologen.* Bonn: Deutscher Psychologen Verlag.

v. Bodelschwinghsche Anstalten Bethel (2002). http://www.bethel.de/Eheim/jugendhilfe/angebot_e.html (eingesehen am 01.02.2002).

Bortz, J. & Döring, N. (1995). *Forschungsmethoden und Evaluation.* Berlin: Springer.

Bullinger, M. (1998). Zur Lebensqualität chronisch kranker Menschen. *Pschomed., 10(1),* 10-13.

Bullinger, M., v. Mackensen, S. & Kirchberger, I. (1994). KINDL - ein Fragebogen zur Erfassung der gesundheitsbezogenen Lebensqualität von Kindern. *Zeitschrift für Gesundheitspsychologie*, 2, 64-77.

Bullinger, M. & Ravens-Sieberer, U. (1995). Grundlagen, Methoden und Anwendungsgebiete der Lebensqualitätsforschung bei Kindern. *Praxis der Kinderpsychologie und Kinderpsychiatrie*, *44*, 391-399.

Burckhardt, M. (2002). *Entwicklung und Evaluation des Fragebogens "Erziehungsberatung aus Elternsicht" des Qualitätsbeurteilungssystems für Hilfen zur Erziehung (QuBuS-EB-E).* Unveröffentlichte Diplomarbeit, Universität Bielefeld.

Cook, T. D. & Campbell, D. T. (1979). *Quasi-experimentation. Design and analysis issues for field settings.* Chicago: Rand McNally.

Deutsche Gesellschaft für Verhaltenstherapie DGVT. (1996). Überlegungen zur Qualitätssicherung in der Psychotherapie. *Verhaltenstherapie und psychosoziale Praxis*, *28*, 150-156.

Deutsches Institut für Normung DIN (Ausschuss Qualitätssicherung und angewandte Statistik AQS). (1992). *Qualitätsmanagement und Elemente eines Qualitätssicherungssystems.* Berlin: Beuth Verlag.

Donabedian, A. (1966). Evaluating the quality of medical care. *Milbank Memorial Fund Quarterly, 44*, 166-203.

Deci, E. L., Eghrari, H., Patrick, B. C. & Leone, D. R. (1994). Facilitating internalization: The self-determination theory perspective. *Jornal of Personality, 62*, 119-142.

Deci, E. L. & Ryan, R. M. (1985). *Intrinsic motivation and self-determination in human behavior.* New York: Plenum.

Deci, E. L. & Ryan, R. M. (2001a). http://www.psych.rochester.edu/SDT/measures (eingesehen am 22.02.2001).

Deci, E. L. & Ryan, R. M. (2001b). http://www.psych.rochester.edu/SDT/measures/auton_hlth.html (eingesehen am 22.02.2001).

Deci, E. L. & Ryan, R. M. (2001c). http://www.psych.rochester.edu/SDT/measures/comp.html (eingesehen am 22.02.2001).

Deci, E. L. & Ryan, R. M. (2001d). http://www.psych.rochester.edu/SDT/measures/intrins.html (eingesehen am 22.02.2001).

Deci, E. L. & Ryan, R. M. (2001e). http://www.psych.rochester.edu/SDT/measures/needs.html (eingesehen am 22.02.2001).

Deci, E. L. & Ryan, R. M. (2001f). http://www.psych.rochester.edu/SDT/theory.html (eingesehen am 09.03.2001).

Ebeling, R. (2001). *Evaluation des Qualitätsmanagements der Jugendhilfe am Beispiel des Eckehardter Modells.* Unveröffentlichte Dissertation, Universität Bielefeld.

Fisseni, H. J. (1990). *Lehrbuch der psychologischen Diagnostik.* Göttingen: Hogrefe.

Flosdorf, P. & Hohm, E. (1999). Zusammenfassung des Zwischenberichts der Jugendhilfe Effekte Studie (JES). In: Arbeitsgruppe Jugendhilfe Effekte Studie (Hrsg.), *Praxisforschungsprojekt Effekte ausgewählter Formen der Erziehungshilfe (innerhalb und außerhalb der Familie) bei verhaltensauffälligen Kindern. Zwischenbericht* (S. 113-116). Unveröffentlichtes Manuskript.

Forschungsgruppe Jugendhilfe Klein-Zimmern (1992). *Familiengruppen in der Heimerziehung. Eine empirische Studie zur Entwicklung und Differenzierung von Betreuungsmöglichkeiten.* Frankfurt: Peter Lang Verlag.

Forschungsprojekt Jule (1998). *Leistungen und Grenzen von Heimerziehung: Ergebnisse einer Evaluationsstudie stationärer und teilstationärer Erziehungshilfen.* Stuttgart: Kohlhammer Verlag.

Frank, M. & Fiegenbaum, W. (1994). Therapieerfolgsmessung in der psychotherapeutischen Praxis. *Zeitschrift für Klinische Psychologie, 23*, 268-275.

Gerull, P. (1997). Leistungsorientierung, Leistungsbeschreibung und Leistungserfassung: Ansätze für eine Qualitätssicherung in der Kinder- und Jugendhilfe. *Unsere Jugend, 49* (9), 370-381.

Gerull, P. & Post, E. (1999). Qualitätssicherung durch Kinder- und Mitarbeiterbefragungen. *Unsere Jugend, 51 (1)*, 15-24.

Göllner, R. (1983). Kategorien psychotherapeutischer Zielsetzung. *Psychotherapie und medizinische Psychologie*, 33, 94-100.

Grolnick, W. S. & Ryan, R. M. (1987). Autonomy in children's learning: An experimental and individual difference investigation. *Journal of Personality and Social Psychology, 52*, 890-898.

Grolnick, W. S. & Ryan, R. M. (1989). Parent styles associated with children's self-regulation and competence in school. *Journal of Educational Psychology, 81,* 143-154.

Helmig, B. (1998). Patientenzufriedenheit im Krankenhaus - Meßergebnisse sinnvoll umsetzen und auswerten. In Hindringer, B., Rothballer, W. & Thomana, H. J. (Hrsg.), *Qualitätsmanagement im Gesundheitswesen* (Band3, Artikel 16110;S. 1-23). Köln: Verlag TÜV Rheinland.

Hohm, E. & Petermann, F. (2000). Sind Effekte erzieherischer Hilfen stabil? Ergebnisse einer 1-Jahreskatamnese. *Kindheit und Entwicklung, 9*, 212-221.

Holländer, A. & Schmidt, M. H. (1997). Qualitätsbeurteilung in der Jugendhilfe: Methodenentwicklung zur Erfassung der Strukturqualität. *Kindheit und Entwicklung, 6*, 3-9.

Hunstein, D. (1999). Messung der Patientenzufriedenheit. *BALK Info*, 34-36.

Kasser, V. G. & Ryan, R. M. (1999). The relation of psychological needs for autonomy and relatedness to vitality, well-being, and mortality in a nursing home. *Journal of Applied Social Psychology, 29*, 935-954.

Katschnik, H. (1998). Qualitätssicherung und Lebensqualität bei psychischen Krankheiten. In K. Schmeck, F. Poustka & H. Katschnik (Hrsg.), *Qualitätssicherung und Lebensqualität in der Kinder- und Jugendpsychiatrie* (S. 165-174). Wien: Springer.

Knab, E. und Macsenaere, M. (1999). Einleitung des Zwischenberichts der Jugendhilfe Effekte Studie. In: Arbeitsgruppe Jugendhilfe Effekte Studie (Hrsg.), *Praxisforschungsprojekt Effekte ausgewählter Formen der Erziehungshilfe (innerhalb und außerhalb der Familie) bei verhaltensauffälligen Kindern. Zwischenbericht* (S. 5-6). Unveröffentlichtes Manuskript.

Lambach, R. (1994). Leistungsmöglichkeiten von Tagesgruppen. In: E. Krüger, D. Reuter Sapnier, W. Trede, H. Wegehaaupt-Schlund (Hrsg.), *Erziehungshilfe in Tagesgruppen – Entwicklung, Konzeption, Perspektiven* (S. 11 - 32). Frankfurt: IgfH-Eigenverlag.

Lauer, G. (1998). Die Lebensqualitätsdimension in der Qualitätssicherung. In A.-R. Laireiter & H. Vogel (Hrsg.), *Qualitätssicherung in der Psychotherapie und psychosozialen Versorgung* (S. 575-591). Tübingen: DGVT.

Leimkühler, A. M. & Müller, U. (1996). Patientenzufriedenheit - Artefakt oder soziale Tatsache? *Nervenarzt, 67*, 765-773.

Lösel, F. & Nowack, W. (1987). Evaluationsforschung. In J. Schultz-Gambard (Hrsg.), *Angewandte Sozialpsychologie* (S. 57-87). München: PVU.

Macsenaere, M. (1999). Zwischenergebnisse I: Struktur des Jugendhilfeangebotes. In: Arbeitsgruppe Jugendhilfe Effekte Studie (Hrsg.), *Praxisforschungsprojekt Effekte ausgewählter Formen der Erziehungshilfe (innerhalb und außerhalb der Familie) bei verhaltensauffälligen Kindern. Zwischenbericht* (S. 16-22). Unveröffentlichtes Manuskript.

Marcus, A., Blanz, B., Esser, G., Niemeyer, J. & Schmidt, M.H. (1993). Beurteilung des Funktionsniveaus bei Kindern und Jugendlichen mit psychischen Störungen. *Kindheit und Entwicklung, 2*, 166-172.

Mattejat, F. & Remschmidt, H. (1995). Aufgaben und Probleme der Qualitätssicherung in der Psychiatrie und Psychotherapie des Kindes- und Jugendalters. *Zeitschrift für Kinder- und Jugendpsychiatrie, 23,* 71-83.

Mattejat, F. & Remschmidt, H. (1998a). *Fragebögen zur Beurteilung der Behandlung (FBB).* Göttingen: Hogrefe.

Mattejat, F. & Remschmidt, H. (1998b). Zur Erfassung der Lebensqualität bei psychisch gestörten Kindern und Jugendlichen - Eine Übersicht. *Zeitschrift für Kinder- und Jugendpsychiatrie,* 183-196.

Mattejat, F., Jungmann, J., Meusers, M., Moik, C., Nölkel, P., Schaff, C., Scholz, M., Schmidt, M.-H. & Remschmidt, H. (1998). Das Inventar zur Erfassung der Lebensqualität bei Kindern und Jugendlichen (ILK) - eine Pilotstudie. *Zeitschrift für Kinder- und Jugendpsychiatrie, 26*, 174-182.

Merchel, J. (1988). Zwischen Effizienzsteigerung, fachlicher Weiterentwicklung und Technokratisierung: Zum sozialpolitischen und fachpolitischen Kontext der Qualitätsdebatte in der Jugendhilfe. In J. Merchel (Hrsg.), *Qualität in der Jugendhilfe* (S. 20-42). Münster: Votum.

Morse, D. S., Suchman, A. L. & Frankel, R. M. (1997). The meaning of symptoms: Narratives by ten women with somatization disorder and a history of childhood abuse. *Archives of Family Medicine, 6*, 468-476.

Näther, J. (2000). Die Kita-Card. Ein neues Modell zur Planung und Finanzierung der Kindertagesbetreuung in Hamburg. In: *Jugendhilfe, 38 Nr. 1*, Neuwied: Luchterhand.

Nübling, R. & Schmidt, J. (1998). Qualitätssicherung in der Psychotherapie: Grundlagen, Realisierungsansätze, künftige Aufgaben. In A.-R. Laireiter & H. Vogel (Hrsg.), *Qualitätssicherung in der Psychotherapie und psychosozialen Versorgung: Ein Werkstattbuch* (S. 49-74). Tübingen: DGVT.

Petermann, F. (1995). Die Jugendhilfe-Effekte-Studie - Ziele, Durchführung und mögliche Erträge. In F. Petermann & M. Schmidt (Hrsg.), *Der Hilfeplan nach §36 KJHG* (S. 96-101). Freiburg im Breisgau: Lambertus.

Petermann, F., Sauer, B. & Becker, P. N. (1997). Methoden der Effektivitätsforschung in der Jugendhilfe. *Kindheit und Entwicklung*, *6*, 10-17.

Petermann, F. & Schmidt, M. H. (1998). Qualitätsmanagement in der Jugendhilfe - Einführung in den Themenschwerpunkt. *Kindheit und Entwicklung 7* (1), 1-2.

Petermann, F. & Schmidt, M. H. (2000). Jugendhilfe-Effekte - Einführung in den Themenschwerpunkt. *Kindheit und Entwicklung, 9* (4), 197-201.

Planungsgruppe Petra (1988). *Analyse von Leistungsfeldern der Heimerziehung. Ein Beitrag zum Problem der Indikation.* Frankfurt: Peter Lang Verlag.

Planungsgruppe Petra (1992). *Bestand, Entwicklung und Leistungsmöglichkeiten von Tagesgruppen.* Frankfurt: Peter Lang Verlag.

Remschmidt, H. & Schmidt, M. (Hrsg.). (1994). *Multiaxiales Klassifikationsschema für psychische Störungen des Kindes- und Jugendalters nach ICD-10 der WHO.* Bern: Huber.

Rückert, D. & Linster, H. W. (1998). Qualitätssicherung und Qualitätsmanagement im Rahmen der ambulanten Psychotherapie mit Kinder, Jugendlichen und ihren Bezugspersonen. In A.-R. Laireiter. & H. Vogel (Hrsg.), *Qualitätssicherung in der Psychotherapie und psychosozialen Versorgung* (S. 421-456). Tübingen: DGVT.

Ryan, R. M. & Deci, E. L. (2000). Self-Determination Theory and the Faciliation of Intrinsic Motivation, Social Development, and Well-Being. *American Psychologist, 55 (1),* 68-78.

Ryan, R. M. & Solky, J. A. (1996). What is Supportive about Social Support. On the Psychological Needs for Autonomy and Relatedness. In: G. R. Pierce, B. R. Sarason & I. G. Sarason (Eds.), *Handbook of Social Support and the Family* (S. 249 - 267). New York: Plenum Press.

Schmeck, K. (1998). Lebensqualität in der Kinder- und Jugendpsychiatrie. In K. Schmeck, F. Poustka & H. Katschnik (Hrsg.), *Qualitätssicherung und Lebensqualität in der Kinder- und Jugendpsychiatrie* (S. 195-208). Wien: Springer.

Schmidt, M. H. (2000). *Neues für die Jugendhilfe? Ergebnisse der Jugendhilfe-Effekte-Studie.* Freiburg i.B.: Deutscher Caritasverband e.V. und Bundesverband Katholischer Einrichtungen und Dienste der Erziehungshilfen e.V.

Schmidt, M. H. & Hohm, E. (1997). Erfassung von Prozeßmerkmalen im Rahmen von Erziehungshilfen. *Kindheit und Entwicklung, 6,* 18-24.

Schmidt, M. H., Schneider, K., Hohm, E., Pickartz, A., Macsenaere, M., Petermann, F. & Knab, E. (2000). Effekte, Verlauf und Erfolgsbedingungen unterschiedlicher erzieherischer Hilfen. *Kindheit und Entwicklung, 9,* 202-211.

Schneider, K., Schmidt, M. H. & Hohm, E. (1999). Prozeßqualität in der Jugendhilfe: Ein 2-Faktoren-Modell. *Kindheit und Entwicklung, 8 (2),* 83-86.

Schulte, D. (1993). Wie soll Therapieerfolg gemessen werden? *Zeitschrift für Klinische Psychologie, Band XXII, Heft 4,* 374-393.

Späth, K. (1994). Zur Entstehung und Entwicklung von Tagesgruppen – Anmerkungen zur Geschichte der Tagesbetreuung von Kindern. In: E. Krüger, D. Reuter-Sapnier, W. Trede & H. Wegehaaupt-Schlund (Hrsg.), *Erziehungshilfe in Tagesgruppen – Entwicklung, Konzeption, Perspektiven* (S. 11–32). Frankfurt: IgfH-Eigenverlag.

Spießl, H., Cording, C. & Klein, H. E. (1997). Qualitätssicherung durch Patientenbefragungen. *Zeitschrift für ärztliche Fortbildung und Qualitätssicherung, 91*, 761-765.

Spöhring, W. & Hermer, M. (1998). Ergebnisqualität - Reichweite eines Konzeptes in Psychiatrie und Psychotherapie. In A.-R. Laireiter & H. Vogel (Hrsg.), *Qualitätssicherung in der Psychotherapie und psychosozialen Versorgung* (S. 559-574). Tübingen: DGVT.

Wendt, W. R. (1994). Zur Ökologie von Tagesheimgruppen. In: E. Krüger, D. Reuter-Sapnier, W. Trede & H. Wegehaupt-Schlund (Hrsg.), *Erziehungshilfe in Tagesgruppen – Entwicklung, Konzeption, Perspektiven* (S. 49–64). Frankfurt: IgfH-Eigenverlag.

Williams, G. C., Frankel, R. M., Campbell, T. L. & Deci, E. L. (2000). Research on Relationship-Centred Care and Healthcare Outcomes from the Rochester Biopsychosocial Program: A Self-Determination Theory Integration. *Families, Systems & Health, 18 (1),* 79-90.

Wingert, B. (1987). Leistungsanalyse. In: Planungsgruppe Petra (Hrsg.), *Analyse von Leistungsfeldern der Heimerziehung* (S. 177–211). Frankfurt: Peter Lang Verlag

Zillesen, E. Qualitätssicherung. *Zeitschrift für Gastroenterologie, 32,* 19-32.

13 ANHANG A: ANSCHREIBEN AN DIE ELTERN

13.1 Anhang A1: Anschreiben an die Eltern, deren Kinder aktuell in einer der Tagesgruppen der Jugendhilfe Eckehardt sind

13.2 Anhang A2: Anschreiben an die Eltern, deren Kinder die Tagesgruppe bereits verlassen haben

Gebal GmbH

Gemeinnützige Jugend- und Integrationshilfen

Gebal GmbH · Jugendhilfe Eckehardt
Eckardtsheimer Str.29 ·
33689 Bielefeld

Jugendhilfe Eckehardt
Tagesgruppen
Eckardtsheimer Straße 29
33689 Bielefeld
Telefon (05 21) 1 44-1637
Fax (05 21) 1 44-1605

Datum

Liebe Familie (),

() () besucht zurzeit die Tagesgruppe der Jugendhilfe Eckehardt in ().

Um einen hohen Standard in unserer Tagesgruppen gewährleisten zu können, ist es wichtig, die Qualität unserer Arbeit regelmäßig zu überprüfen. Mit dem vorliegenden Fragebogen möchten wir alle Eltern, deren Kinder zurzeit in der Tagesgruppe sind bzw. in den letzten zwei Jahren waren, nach Ihrer Einschätzung befragen.
Damit wir noch besser auf die Bedürfnisse der Familien eingehen können, möchten wir Ihnen die Möglichkeit geben, uns Ihre Meinung zur Qualität unserer Arbeit mitzuteilen. Mit Ihren Angaben können Sie uns helfen, Stärken und Schwächen zu erkennen und somit unser Angebot zu verbessern.
Der Fragebogen wurde von Frau Heimanns von der Universität Bielefeld entwickelt und wird von ihr im Rahmen ihrer Abschlußarbeit ausgewertet. Es geht uns darum herauszufinden, mit welchen Aspekten der Tagesgruppe Eltern generell eher zufrieden bzw. eher unzufrieden sind. Ihre Angaben werden selbstverständlich streng vertraulich behandelt und nicht im Zusammenhang mit Ihrem Namen gespeichert. Ihre persönlichen Antworten werden den Mitarbeitern nicht mitgeteilt.
Bitte benutzen Sie für die Rücksendung Ihres ausgefüllten Fragebogen den beiliegenden Antwortumschlag und schicken sie diesen einfach kostenlos und ohne Absender an uns zurück. Frau Heimanns wird sich ca. eine Woche, nachdem Sie diesen Brief erhalten haben, telefonisch bei Ihnen melden. Fragen zum Vorgehen oder auch zum Fragebogen selbst, können Sie dann gerne mit Frau Heimanns persönlich besprechen.

Wir bedanken uns schon im Voraus für Ihre Mitarbeit!

Mit freundlichen Grüßen

Fred Müller (Leiter der Tagesgruppen) — Nina Heimanns (Universität Bielefeld)

Gebal GmbH

Gemeinnützige Jugend- und Integrationshilfen

Gebal GmbH · Jugendhilfe Eckehardt
Eckardtsheimer Str.29 ·
33689 Bielefeld

Jugendhilfe Eckehardt
Tagesgruppen
Eckardtsheimer Straße 29
33689 Bielefeld
Telefon (05 21) 1 44-1637
Fax (05 21) 1 44-1605

Liebe Familie (),

Datum

() () besuchte von () bis () die Tagesgruppe der Jugendhilfe Eckehardt in ().

Um einen hohen Standard in unserer Tagesgruppen gewährleisten zu können, ist es wichtig, die Qualität unserer Arbeit regelmäßig zu überprüfen. Mit dem vorliegenden Fragebogen möchten wir alle Eltern, deren Kinder zurzeit in der Tagesgruppe sind bzw. in den letzten zwei Jahren waren, nach Ihrer Einschätzung befragen.

Damit wir noch besser auf die Bedürfnisse der Familien eingehen können, möchten wir Ihnen die Möglichkeit geben, uns Ihre Meinung zur Qualität unserer Arbeit mitzuteilen. Mit Ihren Angaben können Sie uns helfen, Stärken und Schwächen zu erkennen und somit unser Angebot zu verbessern.

Der Fragebogen wurde von Frau Heimanns von der Universität Bielefeld entwickelt und wird von ihr im Rahmen ihrer Abschlußarbeit ausgewertet. Es geht uns darum herauszufinden, mit welchen Aspekten der Tagesgruppe Eltern generell eher zufrieden bzw. eher unzufrieden sind. Ihre Angaben werden selbstverständlich streng vertraulich behandelt und nicht im Zusammenhang mit Ihrem Namen gespeichert. Ihre persönlichen Antworten werden den Mitarbeitern nicht mitgeteilt.

Bitte benutzen Sie für die Rücksendung Ihres ausgefüllten Fragebogen den beiliegenden Antwortumschlag und schicken sie diesen einfach kostenlos und ohne Absender an uns zurück. Frau Heimanns wird sich ca. eine Woche, nachdem Sie diesen Brief erhalten haben, telefonisch bei Ihnen melden. Fragen zum Vorgehen oder auch zum Fragebogen selbst, können Sie dann gerne mit Frau Heimanns persönlich besprechen.

Wir bedanken uns schon im Voraus für Ihre Mitarbeit!

Mit freundlichen Grüßen

Fred Müller (Leiter der Tagesgruppen)

Nina Heimanns (Universität Bielefeld)

14 ANHANG B: DER FRAGEBOGEN QUBUS-TG-E

14.1 Anhang B1: Fragebogen für die Eltern, deren Kinder aktuell in einer der Tagesgruppen der Jugendhilfe Eckehardt sind

14.2 Anhang B2: Fragebogen für die Eltern, deren Kinder die Tagesgruppe bereits verlassen haben

Fragebogen für die Eltern

zur Bewertung der Tagesgruppen

Gebal GmbH · Jugendhilfe Eckehardt
Eckardtsheimer Str.29 · 33689 Bielefeld

Liebe Eltern,

an dieser Stelle schon einmal vielen Dank, dass Sie sich die Mühe machen, diesen Fragebogen zu bearbeiten.

Nun ein paar Erläuterungen zum Aufbau des Fragebogens.

Der Fragebogen besteht aus den Teilen A, B und C.

Im **Teil A** geht es um den **Zeitraum vor der Tagesgruppe**.

Hier interessiert uns, wie der Wunsch nach Unterstützung für Ihr Kind entstanden ist.

Im **Teil B** geht es um die **Tagesgruppe selbst**.

Hier möchten wir wissen, wie zufrieden Sie mit der Arbeit der Tagesgruppe sind.

Im **Teil C** geht es um die **derzeitige Situation**.

Hier interessiert uns, wie sich die Lage Ihrer Familie durch die Tagesgruppe verändert hat.

Am Ende des Fragebogens haben Sie dann noch die Möglichkeit, eigene Anmerkungen zur Tagesgruppe zu machen.

Die Familien, die sich an unsere Tagesgruppe wenden, sind sehr unterschiedlich. Daher kann es sein, daß nicht jede Frage genau auf Ihre Familie zutrifft. Bitte versuchen Sie trotzdem, **alle Fragen** so gut wie möglich zu beantworten. Wenn Sie bei einer Antwort unsicher sind, kreuzen Sie bitte die Antwortmöglichkeit an, die am ehesten auf Sie zutrifft.

Viel Spaß beim Ausfüllen des Fragebogens!

Wer füllt den Fragebogen aus?	A 1
☐ Mutter ☐ Vater ☐ Eltern gemeinsam ☐ andere: _________	

Im **Teil A** geht es um den Zeitraum, bevor Ihr Kind in die Tagesgruppe gekommen ist.

Wer ist als <u>erster</u> auf den Gedanken gekommen, eine Hilfe in Anspruch zu nehmen? *(Bitte kreuzen Sie nur ein Kästchen an.)*	A 2
☐ Mutter ☐ Vater ☐ das Kind selbst ☐ Lehrer / Schule ☐ Jugendamt ☐ Arzt ☐ andere: _________________	

Wann haben Sie sich entschlossen, sich nach Hilfe umzusehen? Bitte geben Sie an, wie lange es vom ersten Gedanken an gedauert hat, bis es zur Kontaktaufnahme mit der Tagesgruppe kam. *(Bitte kreuzen Sie nur ein Kästchen an.)*	A 3
☐ einige Wochen ☐ mehrere (2-6) Monate ☐ 7 Monate bis zu 1 Jahr ☐ 1 bis 2 Jahre ☐ noch länger	

Nun geht es darum, wie die Entscheidung für die Tagesgruppe zustande gekommen ist. Bitte geben Sie bei den folgenden Aussagen an, inwieweit diese zutreffen. A 4

(Bitte kreuzen Sie in jeder Zeile ein Kästchen an.)	trifft gar nicht zu	trifft eher nicht zu	trifft eher zu	trifft völlig zu
Wir als Eltern waren an der Entscheidung beteiligt, dass unser Kind in diese Tagesgruppe kommt.	☐	☐	☐	☐
Es war <u>unser</u> Wunsch, dass unser Kind in diese Tagesgruppe kommt.	☐	☐	☐	☐
Wir hatten zwischenzeitlich Bedenken, ob diese Tagesgruppe, die richtige Unterstützung für unser Kind ist.	☐	☐	☐	☐

Wir haben eine Reihe von Schwierigkeiten aufgelistet, mit denen sich Familien häufig an Tagesgruppen wenden. Wir würden gerne wissen, wie das bei Ihnen war. Bitte beurteilen Sie daher bei jedem Problem, ob bzw. in welchem Ausmaß, es bei Ihrem Kind zutraf.

Worin bestand das problematische Verhalten, Erleben o.ä. **vor dem Beginn** der Tagesgruppe?				A 5
(Bitte kreuzen Sie in jeder Zeile ein Kästchen an.) **Es gab ...**	traf gar nicht zu	traf eher nicht zu	traf eher zu	traf völlig zu
... allgemeine Lern- und Leistungsprobleme	☐	☐	☐	☐
... Konzentrationsschwierigkeiten	☐	☐	☐	☐
... Lese-Rechtschreibschwäche	☐	☐	☐	☐
... mangelnde Motivation, Schulunlust	☐	☐	☐	☐
... Schulverweigerung (z.B. Schule schwänzen)	☐	☐	☐	☐
... Aggressivität	☐	☐	☐	☐
... extreme Unruhe	☐	☐	☐	☐
... auffälliges Verhalten (z.B. extremes Lügen, Stehlen, Zündeln, ...)	☐	☐	☐	☐
... Drogen- oder Alkoholprobleme	☐	☐	☐	☐
... Konflikte mit dem Gesetz	☐	☐	☐	☐
... Ängste	☐	☐	☐	☐
... mangelndes Selbstvertrauen / Unsicherheit	☐	☐	☐	☐
... Kontaktprobleme / Schüchternheit	☐	☐	☐	☐
... Eltern - Kind Konflikte	☐	☐	☐	☐
... Geschwisterkonflikte	☐	☐	☐	☐
... Schlafstörungen	☐	☐	☐	☐
... Einnässen / Einkoten	☐	☐	☐	☐
... körperliche Beschwerden (z.B. Kopf-, Bauchschmerzen, Asthma, Allergien)	☐	☐	☐	☐
... andere Probleme: ____________	☐	☐	☐	☐

In welchen der folgenden Bereichen traten die genannten Probleme **vor dem Beginn** der Tagesgruppe auf?				A 6
(Bitte kreuzen Sie in jeder Zeile ein Kästchen an.) **Die Probleme traten auf...**	traf gar nicht zu	traf eher nicht zu	traf eher zu	traf völlig zu
... in der Schule	☐	☐	☐	☐
... in der Familie	☐	☐	☐	☐
... in der Freizeit	☐	☐	☐	☐
... in ____________	☐	☐	☐	☐

Gab es Ihrer Meinung nach irgendwelche Ereignisse (z.B. Trennung der Eltern, Umzug, Arbeitslosigkeit), die das Problem verursacht haben könnten? A 7

☐ nein
☐ ja, nämlich: ____________

Auch die folgenden Fragen beziehen sich auf den Zeitraum, bevor Ihr Kind in die Tagesgruppe kam.

Wie ging es Ihrem Kind **damals**? *(Bitte kreuzen Sie in jeder Zeile ein Kästchen an.)*					A 8
Wie gut kam Ihr Kind **damals** mit den schulischen Leistungsanforderungen zurecht?	sehr gut ☐	eher gut ☐	teils teils ☐	eher schlecht ☐	sehr schlecht ☐
Wie gut war **damals** die Beziehung Ihres Kindes zu Ihnen und zu den anderen Familienmitgliedern (Erwachsene und Kinder)?	sehr gut ☐	eher gut ☐	teils teils ☐	eher schlecht ☐	sehr schlecht ☐
Wie gut war **damals** der Kontakt Ihres Kindes zu anderen Kindern in der Freizeit?	sehr gut ☐	eher gut ☐	teils teils ☐	eher schlecht ☐	sehr schlecht ☐
Wie gut konnte Ihr Kind sich **damals** alleine beschäftigen (Spielen, Interessen, Aktivitäten)?	sehr gut ☐	eher gut ☐	teils teils ☐	eher schlecht ☐	sehr schlecht ☐
Wie schätzen Sie die **damalige** körperliche Gesundheit Ihres Kindes ein?	sehr gut ☐	eher gut ☐	teils teils ☐	eher schlecht ☐	sehr schlecht ☐
Wie schätzen Sie die **damalige** „nervliche" und seelische Verfassung Ihres Kindes ein?	sehr gut ☐	eher gut ☐	teils teils ☐	eher schlecht ☐	sehr schlecht ☐
Wenn Sie alle genannten Aspekte und Lebensbereiche Ihres Kindes zusammenfassen: Wie gut ging es Ihrem Kind **damals** insgesamt?	sehr gut ☐	eher gut ☐	teils teils ☐	eher schlecht ☐	sehr schlecht ☐
Wie stark war Ihr Kind **damals** durch die Probleme, die Sie zu uns geführt haben, belastet?	überhaupt nicht belastet ☐	wenig belastet ☐	mäßig belastet ☐	stark belastet ☐	sehr stark belastet ☐
Wie stark fühlten Sie sich selbst **damals** durch die Probleme Ihres Kindes belastet?	überhaupt nicht belastet ☐	wenig belastet ☐	mäßig belastet ☐	stark belastet ☐	sehr stark belastet ☐
Wie stark war die Stimmung / das Klima in Ihrer Familie **damals** belastet?	überhaupt nicht belastet ☐	wenig belastet ☐	mäßig belastet ☐	stark belastet ☐	sehr stark belastet ☐

Wie lange **vor** Eintritt in die Tagesgruppe gab es die Probleme schon? A 9
(Bitte kreuzen Sie nur ein Kästchen an.)

☐ einige Wochen
☐ mehrere (2-6) Monate
☐ 7 Monate bis zu 1 Jahr
☐ 1 bis 2 Jahre
☐ noch länger

Wie oft traten die Probleme **vor** Eintritt in die Tagesgruppe auf? A 10
(Bitte kreuzen Sie nur ein Kästchen an.)

☐ mehrmals täglich
☐ täglich
☐ mehrmals wöchentlich
☐ mehrmals monatlich
☐ seltener

Wie groß war Ihre Erwartung an eine dauerhafte Besserung des Problems durch die Tagesgruppe? A 11
(Bitte kreuzen Sie nur ein Kästchen an.)

☐ vollständige Besserung
☐ deutliche Besserung
☐ leichte Besserung
☐ keine Veränderung

Nun beginnt **Teil B,** in dem es um die Tagesgruppe selbst geht.

Bitte geben Sie an, wie wichtig Ihnen folgende Aspekte bei der Tagesgruppe sind.				B 1
(Bitte kreuzen Sie in jeder Zeile ein Kästchen an.) **Wie wichtig ist Ihnen bei der Tagesgruppe, dass...**	**völlig unwichtig**	**eher unwichtig**	**eher wichtig**	**sehr wichtig**
... Ihr Kind am Nachmittag versorgt wird?	☐	☐	☐	☐
... Sie besser über das Problem Bescheid wissen?	☐	☐	☐	☐
... das Problem durch die Mitarbeiter gelöst wird?	☐	☐	☐	☐
... Sie von den Mitarbeitern Tipps zum Umgang mit dem Problem bekommen?	☐	☐	☐	☐
... andere: ________________	☐	☐	☐	☐

Jetzt interessiert uns, welche Hilfen Sie neben der Tagesgruppe noch in Anspruch genommen haben bzw. nehmen, um die Probleme mit Ihrem Kind zu lösen. Bitte machen Sie die Angaben getrennt für die Zeit vor und während der Tagesgruppe.

Wir hatten / haben folgende sonstige Hilfen in Anspruch genommen:			B 2
(Bitte kreuzen Sie in jeder Zeile mindestens ein Kästchen an.)	**in der Zeit vor der Tagesgruppe**	**in der Zeit während der Tagesgruppe**	**nie**
1. Erziehungsberatung	☐	☐	☐
2. sozialpädagogische Familienhilfe	☐	☐	☐
3. Erziehungsbeistandschaft	☐	☐	☐
4. psychotherapeutische Behandlung eines Elternteils	☐	☐	☐
5. Psychotherapie des Kindes	☐	☐	☐
6. medikamentöse Behandlung der Verhaltensauffälligkeiten des Kindes	☐	☐	☐
7. motorische Förderung des Kindes (z.B. Bewegungstherapie, Ergotherapie)	☐	☐	☐
8. sprachliche Förderung des Kindes	☐	☐	☐
9. schulische Förderung des Kindes	☐	☐	☐
10. andere: ________________	☐	☐	☐

War oder ist Ihr Kind in einer der folgenden Einrichtungen untergebracht?			B 3
(Bitte kreuzen Sie in jeder Zeile mindestens ein Kästchen an.)	**in der Zeit vor der Tagesgruppe**	**in der Zeit während der Tagesgruppe**	**nie**
1. Heim / Wohngruppe	☐	☐	☐
2. Kinder- und Jugendpsychiatrie	☐	☐	☐
3. Pflegefamilie	☐	☐	☐
4. andere: ________________	☐	☐	☐

Wie groß ist für Sie die Entlastung durch die Tagesgruppe? B 4
(Bitte kreuzen Sie nur ein Kästchen an.)

- ☐ sehr gering
- ☐ gering
- ☐ mittel
- ☐ groß
- ☐ sehr groß

Wie groß ist Ihr Aufwand für die Tagesgruppe (z.B. zeitlicher Aufwand für Elterngespräche)? B 5
(Bitte kreuzen Sie nur ein Kästchen an.)

- ☐ sehr gering
- ☐ gering
- ☐ mittel
- ☐ groß
- ☐ sehr groß

Die drei Abschnitte auf dieser Seite beziehen sich darauf, wie Sie als Eltern die Mitarbeiter der Tagesgruppe erleben.
Bitte schätzen Sie für jede Aussage ein, inwieweit sie auf Ihre Zusammenarbeit mit den Mitarbeitern zutrifft.

Zuerst geht es darum, inwieweit die Mitarbeiter Sie darin unterstützen, das Problem selbständig zu lösen. B 6

(Bitte kreuzen Sie in jeder Zeile ein Kästchen an.) **Die Mitarbeiter...**	trifft gar nicht zu	trifft eher nicht zu	teils teils	trifft eher zu	trifft völlig zu
... zeigen uns Möglichkeiten / Lösungswege auf.	☐	☐	☐	☐	☐
... unterstützen uns darin, das Problem eigenständig in den Griff zu kriegen.	☐	☐	☐	☐	☐
... ermutigen uns, Fragen zu stellen.	☐	☐	☐	☐	☐
... sind offen für unsere eigenen Ideen, mit dem Problem umzugehen.	☐	☐	☐	☐	☐
... gehen auf unsere Sichtweisen ein, bevor sie Vorschläge zur Vorgehensweise machen.	☐	☐	☐	☐	☐
... beachten unsere Meinung und berücksichtigen sie bei Entscheidungen.	☐	☐	☐	☐	☐
... wirken unzufrieden, wenn wir nicht auf ihre Vorschläge eingehen.	☐	☐	☐	☐	☐

Jetzt interessiert uns, wie Sie die Beziehung zu den Mitarbeitern in den Sitzungen erleben. B 7

(Bitte kreuzen Sie in jeder Zeile ein Kästchen an.) **Die Mitarbeiter vermitteln uns das Gefühl, ...**	trifft gar nicht zu	trifft eher nicht zu	teils teils	trifft eher zu	trifft völlig zu
... dass wir ernst genommen werden.	☐	☐	☐	☐	☐
... dass sie abweisend und unnahbar sind.	☐	☐	☐	☐	☐
... dass wir gut miteinander auskommen.	☐	☐	☐	☐	☐
... dass man ihnen trauen kann.	☐	☐	☐	☐	☐
... dass sie uns verstehen.	☐	☐	☐	☐	☐
... dass wir offen mit ihnen über unsere Probleme reden können.	☐	☐	☐	☐	☐

Zuletzt geht es darum, inwieweit die Mitarbeiter erreichen, dass Sie sich fähig fühlen, das Problem anzugehen. B 8

(Bitte kreuzen Sie in jeder Zeile ein Kästchen an.) **Die Mitarbeiter vermitteln uns das Gefühl, ...**	trifft gar nicht zu	trifft eher nicht zu	teils teils	trifft eher zu	trifft völlig zu
... dass wir fähig sind, das Problem zu lösen.	☐	☐	☐	☐	☐
... dass wir ziemlich klein und unwissend sind.	☐	☐	☐	☐	☐
... dass wir in der Lage sind, gut mit dem Problem umzugehen.	☐	☐	☐	☐	☐
... dass wir die Anregungen aus der Tagesgruppe zu Hause / im Alltag umsetzen können.	☐	☐	☐	☐	☐
... dass wir mit dem Problem überfordert sind.	☐	☐	☐	☐	☐
... dass wir die Experten für unser Problem sind.	☐	☐	☐	☐	☐
... dass wir in der Tagesgruppe weiterkommen.	☐	☐	☐	☐	☐

Die folgenden Fragen beziehen sich noch einmal auf die Tagesgruppe im Ganzen.

Überprüfen Sie bitte bei den folgenden Feststellungen, inwieweit diese für die Maßnahme Ihres Kindes zutreffen. Beziehen Sie sich dabei auf den **gesamten** bisherigen Tagesgruppenzeitraum. B 9

(Bitte kreuzen Sie in jeder Zeile die zutreffende Zahl an.)	überhaupt nicht/ niemals	kaum/ selten	teilweise/ manchmal	überwiegend/ meistens	ganz genau/ immer
Die Tagesgruppe ist für mein Kind hilfreich.	0	1	2	3	4
Ich würde bei einem anderen Problem wieder hierher kommen.	0	1	2	3	4
Ich werde über Sinn und Zweck der Maßnahme und über ihren Verlauf ausreichend informiert.	0	1	2	3	4
Wir kommen in unserer Familie jetzt besser miteinander aus als vor der Tagesgruppe.	0	1	2	3	4
Im Verlaufe der Maßnahme konnte ich mein Verhalten gegenüber meinem Kind bereits positiv verändern.	0	1	2	3	4
Ich bin mit allen Maßnahmen im Verlauf der Tagesgruppe völlig einverstanden.	0	1	2	3	4
Ich würde die Tagesgruppe Freunden und Bekannten empfehlen.	0	1	2	3	4
Ich fühle mich ausreichend in die Arbeit mit einbezogen.	0	1	2	3	4
Die Probleme meines Kindes haben sich im Verlaufe der Maßnahme bereits verbessert.	0	1	2	3	4
Durch die Gespräche mit den Mitarbeitern bekam ich bereits ein besseres Verständnis für die Probleme meines Kindes.	0	1	2	3	4
Im Verlaufe der Maßnahme haben sich auch meine eigenen Probleme bereits gebessert.	0	1	2	3	4
Im Verlaufe der Maßnahme bin ich auch für mich persönlich bereits ein Stück weitergekommen.	0	1	2	3	4
Ich bin mit der Tagesgruppe zufrieden.	0	1	2	3	4

Wenn Sie die Wahl hätten, in welchem Umfang würden Sie die Maßnahme in der Tagesgruppe gerne weiter fortsetzen? B 10

- ☐ mit mehr Stunden
- ☐ mit gleichem Stundenumfang
- ☐ mit weniger Stunden
- ☐ gar nicht

Aus welchen Gründen wollen Sie die Maßnahme gerne noch weiter fortsetzen? B 11

(Bitte kreuzen Sie in jeder Zeile ein Kästchen an.)	trifft gar nicht zu	trifft eher nicht zu	trifft eher zu	trifft völlig zu
Versorgung des Kindes am Nachmittag.	☐	☐	☐	☐
Das Problem hat sich noch nicht ausreichend verbessert.	☐	☐	☐	☐
Wir hätten gerne noch mehr Tipps und Anleitung.	☐	☐	☐	☐
Wir hätten gerne mehr noch Sicherheit / Routine.	☐	☐	☐	☐
Die Umsetzung im Alltag klappt noch nicht.	☐	☐	☐	☐
andere: ________________	☐	☐	☐	☐

Bitte geben Sie an, wie zufrieden Sie mit einzelnen Aspekten der Tagesgruppe sind.

Wie zufrieden sind Sie mit ...				B 12
(Bitte kreuzen Sie in jeder Zeile ein Kästchen an.)	**völlig zufrieden**	**eher zufrieden**	**eher unzufrieden**	**völlig unzufrieden**
... der Lage bzw. Erreichbarkeit?	☐	☐	☐	☐
... den Öffnungszeiten?	☐	☐	☐	☐
... der telefonischen Erreichbarkeit?	☐	☐	☐	☐
... der Wartezeit bis zur Aufnahme?	☐	☐	☐	☐
... den Räumlichkeiten?	☐	☐	☐	☐
... der Atmosphäre?	☐	☐	☐	☐
... der Flexibilität bei der Terminabsprache?	☐	☐	☐	☐
... der Gestaltung der Elterngespräche?	☐	☐	☐	☐
... den Teilnehmern am Elterngespräch?	☐	☐	☐	☐
... der fachlichen Fähigkeit der Mitarbeiter?	☐	☐	☐	☐
... dem Umgang der Mitarbeiter mit Ihnen?	☐	☐	☐	☐
... dem Umgang der Mitarbeiter mit Ihrem Kind?	☐	☐	☐	☐
... dem Informationsaustausch zwischen den Mitarbeitern und Ihnen?	☐	☐	☐	☐
... der Zusammensetzung der Kindergruppe?	☐	☐	☐	☐
... dem Einbezug der Schule / Lehrer?	☐	☐	☐	☐
... der Unterstützung in schulischen Belangen?	☐	☐	☐	☐
... der Auswahl an Spiel- und Freizeitangeboten?	☐	☐	☐	☐

Wie zufrieden sind Sie mit...					B 13
(Bitte kreuzen Sie in jeder Zeile ein Kästchen an.)	**zu wenig**	**eher zu wenig**	**genau richtig**	**eher zu viel**	**zu viel**
... der Anzahl der Elterngespräche?	☐	☐	☐	☐	☐
... der Anzahl der Fachkräfte bei den Gesprächen?	☐	☐	☐	☐	☐
... der Anzahl der Kinder in der Tagesgruppe?	☐	☐	☐	☐	☐

Nun beginnt **Teil C**, der sich auf die derzeitige Situation in Ihrer Familie bezieht. Hier sehen Sie wieder die gleiche Liste wie am Anfang des Fragebogens. Jetzt interessiert uns aber, wie es mit den Schwierigkeiten **zurzeit** aussieht. Bitte geben Sie bei der folgenden Aufzählung für **jedes** Problem an, inwieweit es heute bei Ihrem Kind zutrifft.

Gibt es **zurzeit** noch Schwierigkeiten bei Ihrem Kind? C 1

(Bitte kreuzen Sie in jeder Zeile ein Kästchen an.) **Es gibt ...**	trifft gar nicht zu	trifft eher nicht zu	trifft eher zu	trifft völlig zu
... allgemeine Lern- und Leistungsprobleme	☐	☐	☐	☐
... Konzentrationsschwierigkeiten	☐	☐	☐	☐
... Lese-Rechtschreibschwäche	☐	☐	☐	☐
... mangelnde Motivation, Schulunlust	☐	☐	☐	☐
... Schulverweigerung (z.B. Schule schwänzen)	☐	☐	☐	☐
... Aggressivität	☐	☐	☐	☐
... extreme Unruhe	☐	☐	☐	☐
... auffälliges Verhalten, wie (z.B. extremes Lügen, Stehlen, Zündeln, ...)	☐	☐	☐	☐
... Drogen- oder Alkoholprobleme	☐	☐	☐	☐
... Konflikte mit dem Gesetz	☐	☐	☐	☐
... Ängste	☐	☐	☐	☐
... mangelndes Selbstvertrauen / Unsicherheit	☐	☐	☐	☐
... Kontaktprobleme / Schüchternheit	☐	☐	☐	☐
... Eltern Kind Konflikte	☐	☐	☐	☐
... Geschwisterkonflikte	☐	☐	☐	☐
... Schlafstörungen	☐	☐	☐	☐
... Einnässen / Einkoten	☐	☐	☐	☐
... körperliche Beschwerden (z.B. Kopf-, Bauchschmerzen, Asthma, Allergien)	☐	☐	☐	☐
... andere Probleme: ________________	☐	☐	☐	☐

In welchen der folgenden Bereichen treten die genannten Probleme **zurzeit** auf? C 2

(Bitte kreuzen Sie in jeder Zeile ein Kästchen an.) **Die Probleme treten auf...**	trifft gar nicht zu	trifft eher nicht zu	trifft eher zu	trifft völlig zu
... in der Schule	☐	☐	☐	☐
... in der Familie	☐	☐	☐	☐
... in der Freizeit	☐	☐	☐	☐
... in ________________	☐	☐	☐	☐

Gab es Ihrer Meinung nach in der Zwischenzeit irgendwelche Ereignisse, die Veränderungen des Problems bewirkt haben könnten? C 3

☐ nein
☐ ja, nämlich: ________________

Auch diese Fragen kennen Sie zum Teil schon. Diesmal sollen Sie jedoch die derzeitige Situation beurteilen.

Wie geht es Ihrem Kind **zurzeit**? *(Bitte kreuzen Sie in jeder Zeile ein Kästchen an.)*					C 4
Wie gut kommt Ihr Kind **zurzeit** mit den schulischen Leistungsanforderungen zurecht?	sehr gut ☐	eher gut ☐	teils teils ☐	eher schlecht ☐	sehr schlecht ☐
Wie gut ist die Beziehung Ihres Kindes zu Ihnen und zu den anderen Familienmitgliedern (Erwachsene und Kinder) **zurzeit**?	sehr gut ☐	eher gut ☐	teils teils ☐	eher schlecht ☐	sehr schlecht ☐
Wie gut ist **zurzeit** der Kontakt Ihres Kindes zu anderen Kindern in der Freizeit?	sehr gut ☐	eher gut ☐	teils teils ☐	eher schlecht ☐	sehr schlecht ☐
Wie gut kann Ihr Kind sich **zurzeit** alleine beschäftigen (Spielen, Interessen, Aktivitäten)?	sehr gut ☐	eher gut ☐	teils teils ☐	eher schlecht ☐	sehr schlecht ☐
Wie schätzen Sie die körperliche Gesundheit Ihres Kindes **zurzeit** ein?	sehr gut ☐	eher gut ☐	teils teils ☐	eher schlecht ☐	sehr schlecht ☐
Wie schätzen Sie die „nervliche" und seelische Verfassung Ihres Kindes **zurzeit** ein?	sehr gut ☐	eher gut ☐	teils teils ☐	eher schlecht ☐	sehr schlecht ☐
Wenn Sie alle genannten Aspekte und Lebensbereiche Ihres Kindes zusammenfassen: Wie gut geht es Ihrem Kind **zurzeit** insgesamt?	sehr gut ☐	eher gut ☐	teils teils ☐	eher schlecht ☐	sehr schlecht ☐
Wie stark ist Ihr Kind durch die Probleme, die Sie damals zu uns geführt haben, **zurzeit** noch belastet?	überhaupt nicht belastet ☐	wenig belastet ☐	mäßig belastet ☐	stark belastet ☐	sehr stark belastet ☐
Wie stark fühlen Sie sich selbst durch die Probleme Ihres Kindes **zurzeit** belastet?	überhaupt nicht belastet ☐	wenig belastet ☐	mäßig belastet ☐	stark belastet ☐	sehr stark belastet ☐
Wie stark ist die Stimmung / das Klima in Ihrer Familie **zurzeit** belastet?	überhaupt nicht belastet ☐	wenig belastet ☐	mäßig belastet ☐	stark belastet ☐	sehr stark belastet ☐

Wie oft treten die Probleme bei Ihrem Kind **zurzeit** auf? C 5
(Bitte kreuzen Sie nur ein Kästchen an.)

☐ mehrmals täglich
☐ täglich
☐ mehrmals wöchentlich
☐ mehrmals monatlich
☐ seltener

Wie hat sich die Situation durch die Tagesgruppe bisher insgesamt verändert? C 6
(Bitte kreuzen Sie nur ein Kästchen an.)

☐ deutliche Besserung
☐ leichte Besserung
☐ keine Veränderung
☐ leichte Verschlechterung
☐ deutliche Verschlechterung

Abschließend möchten wir Ihnen die Möglichkeit geben, uns Ihre eigenen Vorschläge zur Verbesserung unserer Arbeit in der Tagesgruppe mitzuteilen.

Was könnte die Tagesgruppe aus Ihren Erfahrungen heraus besser machen?

Was hat Ihnen an der Tagesgruppe besonders gut gefallen?
Was sollte sich auf keinen Fall ändern?

Vielen Dank für Ihre Mitarbeit

Fragebogen für die Eltern

zur Bewertung der Tagesgruppen

Gebal GmbH · Jugendhilfe Eckehardt
Eckardtsheimer Str.29 · 33689 Bielefeld

Liebe Eltern,

an dieser Stelle schon einmal vielen Dank, dass Sie sich die Mühe machen, diesen Fragebogen zu bearbeiten.

Nun ein paar Erläuterungen zum Aufbau des Fragebogens.

Der Fragebogen besteht aus den Teilen A, B und C.

Im **Teil A** geht es um den **Zeitraum vor der Tagesgruppe**.

Hier interessiert uns, wie der Wunsch nach Unterstützung für Ihr Kind entstanden ist.

Im **Teil B** geht es um die **Tagesgruppe selbst**.

Hier möchten wir wissen, wie zufrieden Sie mit der Arbeit der Tagesgruppe waren.

Im **Teil C** geht es um die **derzeitige Situation**.

Hier interessiert uns, wie sich die Lage Ihrer Familie durch die Tagesgruppe verändert hat.

Am Ende des Fragebogens haben Sie dann noch die Möglichkeit, eigene Anmerkungen zur Tagesgruppe zu machen.

Die Familien, die sich an unsere Tagesgruppe wenden, sind sehr unterschiedlich. Daher kann es sein, daß nicht jede Frage genau auf Ihre Familie zutrifft. Bitte versuchen Sie trotzdem, **alle Fragen** so gut wie möglich zu beantworten. Wenn Sie bei einer Antwort unsicher sind, kreuzen Sie bitte die Antwortmöglichkeit an, die am ehesten auf Sie zutrifft.

Viel Spaß beim Ausfüllen des Fragebogens!

Wer füllt den Fragebogen aus?			A 1
☐ Mutter	☐ Vater	☐ Eltern gemeinsam	☐ andere: ________

Im **Teil A** geht es um den Zeitraum, bevor Ihr Kind in die Tagesgruppe gekommen ist.

Wer ist als erster auf den Gedanken gekommen, eine Hilfe in Anspruch zu nehmen? A 2

(Bitte kreuzen Sie nur ein Kästchen an.)

- ☐ Mutter
- ☐ Vater
- ☐ das Kind selbst
- ☐ Lehrer / Schule
- ☐ Jugendamt
- ☐ Arzt
- ☐ andere: ________________

Wann haben Sie sich entschlossen, sich nach Hilfe umzusehen? A 3

Bitte geben Sie an, wie lange es vom ersten Gedanken an gedauert hat, bis es zur Kontaktaufnahme mit der Tagesgruppe kam.

(Bitte kreuzen Sie nur ein Kästchen an.)

- ☐ einige Wochen
- ☐ mehrere (2-6) Monate
- ☐ 7 Monate bis zu 1 Jahr
- ☐ 1 bis 2 Jahre
- ☐ noch länger

Nun geht es darum, wie die Entscheidung für die Tagesgruppe zustande gekommen ist. A 4

Bitte geben Sie bei den folgenden Aussagen an, inwieweit diese zutreffen.

(Bitte kreuzen Sie in jeder Zeile ein Kästchen an.)	**trifft gar nicht zu**	**trifft eher nicht zu**	**trifft eher zu**	**trifft völlig zu**
Wir als Eltern waren an der Entscheidung beteiligt, dass unser Kind in diese Tagesgruppe kommt.	☐	☐	☐	☐
Es war unser Wunsch, dass unser Kind in diese Tagesgruppe kommt.	☐	☐	☐	☐
Wir hatten zwischenzeitlich Bedenken, ob diese Tagesgruppe, die richtige Unterstützung für unser Kind ist.	☐	☐	☐	☐

Wir haben eine Reihe von Schwierigkeiten aufgelistet, mit denen sich Familien häufig an Tagesgruppen wenden. Wir würden gerne wissen, wie das bei Ihnen war. Bitte beurteilen Sie daher bei jedem Problem, ob bzw. in welchem Ausmaß, es bei Ihrem Kind zutraf.

Worin bestand das problematische Verhalten, Erleben o.ä. **vor dem Beginn** der Tagesgruppe? A 5

(Bitte kreuzen Sie in jeder Zeile ein Kästchen an.) **Es gab ...**	traf gar nicht zu	traf eher nicht zu	traf eher zu	traf völlig zu
... allgemeine Lern- und Leistungsprobleme	☐	☐	☐	☐
... Konzentrationsschwierigkeiten	☐	☐	☐	☐
... Lese-Rechtschreibschwäche	☐	☐	☐	☐
... mangelnde Motivation, Schulunlust	☐	☐	☐	☐
... Schulverweigerung (z.B. Schule schwänzen)	☐	☐	☐	☐
... Aggressivität	☐	☐	☐	☐
... extreme Unruhe	☐	☐	☐	☐
... auffälliges Verhalten (z.B. extremes Lügen, Stehlen, Zündeln, ...)	☐	☐	☐	☐
... Drogen- oder Alkoholprobleme	☐	☐	☐	☐
... Konflikte mit dem Gesetz	☐	☐	☐	☐
... Ängste	☐	☐	☐	☐
... mangelndes Selbstvertrauen / Unsicherheit	☐	☐	☐	☐
... Kontaktprobleme / Schüchternheit	☐	☐	☐	☐
... Eltern - Kind Konflikte	☐	☐	☐	☐
... Geschwisterkonflikte	☐	☐	☐	☐
... Schlafstörungen	☐	☐	☐	☐
... Einnässen / Einkoten	☐	☐	☐	☐
... körperliche Beschwerden (z.B. Kopf-, Bauchschmerzen, Asthma, Allergien)	☐	☐	☐	☐
... andere Probleme: ____________	☐	☐	☐	☐

In welchen der folgenden Bereichen traten die genannten Probleme **vor dem Beginn** der Tagesgruppe auf? A 6

(Bitte kreuzen Sie in jeder Zeile ein Kästchen an.) **Die Probleme traten auf...**	traf gar nicht zu	traf eher nicht zu	traf eher zu	traf völlig zu
... in der Schule	☐	☐	☐	☐
... in der Familie	☐	☐	☐	☐
... in der Freizeit	☐	☐	☐	☐
... in ____________	☐	☐	☐	☐

Gab es Ihrer Meinung nach irgendwelche Ereignisse (z.B. Trennung der Eltern, Umzug, Arbeitslosigkeit), die das Problem verursacht haben könnten? A 7

☐ nein
☐ ja, nämlich: ____________

Auch die folgenden Fragen beziehen sich auf den Zeitraum, bevor Ihr Kind in die Tagesgruppe kam.

Wie ging es Ihrem Kind **damals**? *(Bitte kreuzen Sie in jeder Zeile ein Kästchen an.)*					A 8
Wie gut kam Ihr Kind **damals** mit den schulischen Leistungsanforderungen zurecht?	sehr gut ☐	eher gut ☐	teils teils ☐	eher schlecht ☐	sehr schlecht ☐
Wie gut war **damals** die Beziehung Ihres Kindes zu Ihnen und zu den anderen Familienmitgliedern (Erwachsene und Kinder)?	sehr gut ☐	eher gut ☐	teils teils ☐	eher schlecht ☐	sehr schlecht ☐
Wie gut war **damals** der Kontakt Ihres Kindes zu anderen Kindern in der Freizeit?	sehr gut ☐	eher gut ☐	teils teils ☐	eher schlecht ☐	sehr schlecht ☐
Wie gut konnte Ihr Kind sich **damals** alleine beschäftigen (Spielen, Interessen, Aktivitäten)?	sehr gut ☐	eher gut ☐	teils teils ☐	eher schlecht ☐	sehr schlecht ☐
Wie schätzen Sie die **damalige** körperliche Gesundheit Ihres Kindes ein?	sehr gut ☐	eher gut ☐	teils teils ☐	eher schlecht ☐	sehr schlecht ☐
Wie schätzen Sie die **damalige** „nervliche" und seelische Verfassung Ihres Kindes ein?	sehr gut ☐	eher gut ☐	teils teils ☐	eher schlecht ☐	sehr schlecht ☐
Wenn Sie alle genannten Aspekte und Lebensbereiche Ihres Kindes zusammenfassen: Wie gut ging es Ihrem Kind **damals** insgesamt?	sehr gut ☐	eher gut ☐	teils teils ☐	eher schlecht ☐	sehr schlecht ☐
Wie stark war Ihr Kind **damals** durch die Probleme, die Sie zu uns geführt haben, belastet?	überhaupt nicht belastet ☐	wenig belastet ☐	mäßig belastet ☐	stark belastet ☐	sehr stark belastet ☐
Wie stark fühlten Sie sich selbst **damals** durch die Probleme Ihres Kindes belastet?	überhaupt nicht belastet ☐	wenig belastet ☐	mäßig belastet ☐	stark belastet ☐	sehr stark belastet ☐
Wie stark war die Stimmung / das Klima in Ihrer Familie **damals** belastet?	überhaupt nicht belastet ☐	wenig belastet ☐	mäßig belastet ☐	stark belastet ☐	sehr stark belastet ☐

Wie lange **vor** Eintritt in die Tagesgruppe gab es die Probleme schon? A 9
(Bitte kreuzen Sie nur ein Kästchen an.)

☐ einige Wochen
☐ mehrere (2-6) Monate
☐ 7 Monate bis zu 1 Jahr
☐ 1 bis 2 Jahre
☐ noch länger

Wie oft traten die Probleme **vor** Eintritt in die Tagesgruppe auf? A 10
(Bitte kreuzen Sie nur ein Kästchen an.)

☐ mehrmals täglich
☐ täglich
☐ mehrmals wöchentlich
☐ mehrmals monatlich
☐ seltener

Wie groß war Ihre Erwartung an eine dauerhafte Besserung des Problems durch die Tagesgruppe? A 11
(Bitte kreuzen Sie nur ein Kästchen an.)

☐ vollständige Besserung
☐ deutliche Besserung
☐ leichte Besserung
☐ keine Veränderung

Nun beginnt **Teil B,** in dem es um die Tagesgruppe selbst geht.

Bitte geben Sie an, wie wichtig Ihnen folgende Aspekte bei der Tagesgruppe waren.				B 1
(Bitte kreuzen Sie in jeder Zeile ein Kästchen an.) **Wie wichtig war Ihnen bei der Tagesgruppe, dass...**	völlig unwichtig	eher unwichtig	eher wichtig	sehr wichtig
... Ihr Kind am Nachmittag versorgt wird?	☐	☐	☐	☐
... Sie besser über das Problem Bescheid wissen?	☐	☐	☐	☐
... das Problem durch die Mitarbeiter gelöst wird?	☐	☐	☐	☐
... Sie von den Mitarbeitern Tipps zum Umgang mit dem Problem bekommen?	☐	☐	☐	☐
... andere: ____________________	☐	☐	☐	☐

Jetzt interessiert uns, welche Hilfen Sie neben der Tagesgruppe noch in Anspruch genommen haben bzw. nehmen, um die Probleme mit Ihrem Kind zu lösen.
Bitte machen Sie die Angaben getrennt für die Zeit vor und während der Tagesgruppe sowie für heute.

Wir hatten / haben folgende sonstige Hilfen in Anspruch genommen:				B 2
(Bitte kreuzen Sie in jeder Zeile mindestens ein Kästchen an.)	in der Zeit vor der Tagesgruppe	in der Zeit während der Tagesgruppe	heute	nie
1. Erziehungsberatung	☐	☐	☐	☐
2. sozialpädagogische Familienhilfe	☐	☐	☐	☐
3. Erziehungsbeistandschaft	☐	☐	☐	☐
4. psychotherapeutische Behandlung eines Elternteils	☐	☐	☐	☐
5. Psychotherapie des Kindes	☐	☐	☐	☐
6. medikamentöse Behandlung der Verhaltensauffälligkeiten des Kindes	☐	☐	☐	☐
7. motorische Förderung des Kindes (z.B. Bewegungstherapie, Ergotherapie)	☐	☐	☐	☐
8. sprachliche Förderung des Kindes	☐	☐	☐	☐
9. schulische Förderung des Kindes	☐	☐	☐	☐
10. andere: ____________________	☐	☐	☐	☐

War oder ist Ihr Kind in einer der folgenden Einrichtungen untergebracht?				B 3
(Bitte kreuzen Sie in jeder Zeile mindestens ein Kästchen an.)	in der Zeit vor der Tagesgruppe	in der Zeit während der Tagesgruppe	heute	nie
1. Heim / Wohngruppe	☐	☐	☐	☐
2. Kinder- und Jugendpsychiatrie	☐	☐	☐	☐
3. Pflegefamilie	☐	☐	☐	☐
4. andere: _______________	☐	☐	☐	☐

Wie groß war für Sie die Entlastung durch die Tagesgruppe? B 4
(Bitte kreuzen Sie nur ein Kästchen an.)

- ☐ sehr gering
- ☐ gering
- ☐ mittel
- ☐ groß
- ☐ sehr groß

Wie groß war Ihr Aufwand für die Tagesgruppe (z.B. zeitlicher Aufwand für Elterngespräche)? B 5
(Bitte kreuzen Sie nur ein Kästchen an.)

- ☐ sehr gering
- ☐ gering
- ☐ mittel
- ☐ groß
- ☐ sehr groß

Die drei Abschnitte auf dieser Seite beziehen sich darauf, wie Sie als Eltern die Mitarbeiter der Tagesgruppe erlebt haben.
Bitte schätzen Sie für jede Aussage ein, inwieweit sie auf Ihre Zusammenarbeit mit den Mitarbeitern zutraf.

Zuerst geht es darum, inwieweit die Mitarbeiter Sie darin unterstützt haben, das Problem selbständig zu lösen.					B 6
(Bitte kreuzen Sie in jeder Zeile ein Kästchen an.) **Die Mitarbeiter...**	trifft gar nicht zu	trifft eher nicht zu	teils teils	trifft eher zu	trifft völlig zu
... zeigten uns Möglichkeiten / Lösungswege auf.	☐	☐	☐	☐	☐
... unterstützten uns darin, das Problem eigenständig in den Griff zu kriegen.	☐	☐	☐	☐	☐
... ermutigten uns, Fragen zu stellen.	☐	☐	☐	☐	☐
... waren offen für unsere eigenen Ideen, mit dem Problem umzugehen.	☐	☐	☐	☐	☐
... gingen auf unsere Sichtweisen ein, bevor sie Vorschläge zur Vorgehensweise machten.	☐	☐	☐	☐	☐
... beachteten unsere Meinung und berücksichtigten sie bei Entscheidungen.	☐	☐	☐	☐	☐
... wirkten unzufrieden, wenn wir nicht auf ihre Vorschläge eingingen.	☐	☐	☐	☐	☐

Jetzt interessiert uns, wie Sie die Beziehung zu den Mitarbeitern in den Sitzungen erlebt haben.					B 7
(Bitte kreuzen Sie in jeder Zeile ein Kästchen an.) **Die Mitarbeiter vermittelten uns damals das Gefühl, ...**	trifft gar nicht zu	trifft eher nicht zu	teils teils	trifft eher zu	trifft völlig zu
... dass wir ernst genommen werden.	☐	☐	☐	☐	☐
... dass sie abweisend und unnahbar sind.	☐	☐	☐	☐	☐
... dass wir gut miteinander auskommen.	☐	☐	☐	☐	☐
... dass man ihnen trauen kann.	☐	☐	☐	☐	☐
... dass sie uns verstehen.	☐	☐	☐	☐	☐
... dass wir offen mit ihnen über unsere Probleme reden können.	☐	☐	☐	☐	☐

Zuletzt geht es darum, inwieweit die Mitarbeiter es geschafft haben, dass Sie sich fähig fühlten, das Problem anzugehen.					B 8
(Bitte kreuzen Sie in jeder Zeile ein Kästchen an.) **Die Mitarbeiter vermittelten uns damals das Gefühl, ...**	trifft gar nicht zu	trifft eher nicht zu	teils teils	trifft eher zu	trifft völlig zu
... dass wir fähig sind, das Problem zu lösen.	☐	☐	☐	☐	☐
... dass wir ziemlich klein und unwissend sind.	☐	☐	☐	☐	☐
... dass wir in der Lage sind, gut mit dem Problem umzugehen.	☐	☐	☐	☐	☐
... dass wir die Anregungen aus der Tagesgruppe zu Hause / im Alltag umsetzen können.	☐	☐	☐	☐	☐
... dass wir mit dem Problem überfordert sind.	☐	☐	☐	☐	☐
... dass wir die Experten für unser Problem sind.	☐	☐	☐	☐	☐
... dass wir in der Tagesgruppe weiterkommen.	☐	☐	☐	☐	☐

Die folgenden Fragen beziehen sich noch einmal auf die Tagesgruppe im Ganzen.

Überprüfen Sie bitte bei den folgenden Feststellungen, inwieweit diese für die Maßnahme Ihres Kindes zutreffen. Beziehen Sie sich dabei auf den **gesamten** Tagesgruppenzeitraum und nicht nur auf das Ende der Tagesgruppe. B 9

(Bitte kreuzen Sie in jeder Zeile die zutreffende Zahl an.)	überhaupt nicht/ niemals	kaum/ selten	teilweise/ manchmal	überwiegend/ meistens	ganz genau/ immer
Die Tagesgruppe war für mein Kind hilfreich.	0	1	2	3	4
Ich würde bei einem anderen Problem wieder hierher kommen.	0	1	2	3	4
Ich wurde über Sinn und Zweck der Maßnahme und über ihren Verlauf ausreichend informiert.	0	1	2	3	4
Wir kommen in unserer Familie jetzt besser miteinander aus als vor der Tagesgruppe.	0	1	2	3	4
Im Verlaufe der Maßnahme konnte ich mein Verhalten gegenüber meinem Kind positiv verändern.	0	1	2	3	4
Ich war mit allen Maßnahmen im Verlauf der Tagesgruppe völlig einverstanden.	0	1	2	3	4
Ich würde die Tagesgruppe Freunden und Bekannten empfehlen.	0	1	2	3	4
Ich fühlte mich ausreichend in die Arbeit mit einbezogen.	0	1	2	3	4
Die Probleme meines Kindes haben sich im Verlaufe der Maßnahme verbessert.	0	1	2	3	4
Durch die Gespräche mit den Mitarbeitern bekam ich ein besseres Verständnis für die Probleme meines Kindes.	0	1	2	3	4
Im Verlaufe der Maßnahme haben sich auch meine eigenen Probleme gebessert.	0	1	2	3	4
Im Verlaufe der Maßnahme bin ich auch für mich persönlich ein Stück weitergekommen.	0	1	2	3	4
Ich bin mit der Tagesgruppe zufrieden.	0	1	2	3	4

Hätten Sie die Maßnahme in der Tagesgruppe gerne weiter fortgesetzt? B 10

☐ nein
☐ ja, ☐ mit gleichem Stundenumfang
☐ mit weniger Stunden
☐ mit mehr Stunden

Falls ja, aus welchen Gründen hätten Sie die Maßnahme gerne weiter fortgesetzt? B 11

(Bitte kreuzen Sie in jeder Zeile ein Kästchen an.)	trifft gar nicht zu	trifft eher nicht zu	trifft eher zu	trifft völlig zu
Versorgung des Kindes am Nachmittag.	☐	☐	☐	☐
Das Problem hatte sich noch nicht ausreichend verbessert.	☐	☐	☐	☐
Wir hätten gerne mehr Tipps und Anleitung gehabt.	☐	☐	☐	☐
Wir hätten gerne mehr Sicherheit / Routine bekommen.	☐	☐	☐	☐
Die Umsetzung im Alltag klappte noch nicht.	☐	☐	☐	☐
andere: ____________	☐	☐	☐	☐

Bitte geben Sie an, wie zufrieden Sie mit einzelnen Aspekten der Tagesgruppe waren.

Wie zufrieden waren Sie mit ...				B 12
(Bitte kreuzen Sie in jeder Zeile ein Kästchen an.)	**völlig zufrieden**	**eher zufrieden**	**eher unzufrieden**	**völlig unzufrieden**
... der Lage bzw. Erreichbarkeit?	☐	☐	☐	☐
... den Öffnungszeiten?	☐	☐	☐	☐
... der telefonischen Erreichbarkeit?	☐	☐	☐	☐
... der Wartezeit bis zur Aufnahme?	☐	☐	☐	☐
... den Räumlichkeiten?	☐	☐	☐	☐
... der Atmosphäre?	☐	☐	☐	☐
... der Flexibilität bei der Terminabsprache?	☐	☐	☐	☐
... der Gestaltung der Elterngespräche?	☐	☐	☐	☐
... den Teilnehmern am Elterngespräch?	☐	☐	☐	☐
... der fachlichen Fähigkeit der Mitarbeiter?	☐	☐	☐	☐
... dem Umgang der Mitarbeiter mit Ihnen?	☐	☐	☐	☐
... dem Umgang der Mitarbeiter mit Ihrem Kind?	☐	☐	☐	☐
... dem Informationsaustausch zwischen den Mitarbeitern und Ihnen?	☐	☐	☐	☐
... der Zusammensetzung der Kindergruppe?	☐	☐	☐	☐
... dem Einbezug der Schule / Lehrer?	☐	☐	☐	☐
... der Unterstützung in schulischen Belangen?	☐	☐	☐	☐
... der Auswahl an Spiel- und Freizeitangeboten?	☐	☐	☐	☐
... mit der Gestaltung des Endes der Tagesgruppe?	☐	☐	☐	☐

Wie zufrieden waren Sie mit...					B 13
(Bitte kreuzen Sie in jeder Zeile ein Kästchen an.)	**zu wenig**	**eher zu wenig**	**genau richtig**	**eher zu viel**	**zu viel**
... der Anzahl der Elterngespräche?	☐	☐	☐	☐	☐
... der Anzahl der Fachkräfte bei den Gesprächen?	☐	☐	☐	☐	☐
... der Anzahl der Kinder in der Tagesgruppe?	☐	☐	☐	☐	☐

Nun beginnt **Teil C**, der sich auf die derzeitige Situation in Ihrer Familie bezieht. Hier sehen Sie wieder die gleiche Liste wie am Anfang des Fragebogens. Jetzt interessiert uns aber, wie es mit den Schwierigkeiten **zurzeit** aussieht. Bitte geben Sie bei der folgenden Aufzählung für **jedes** Problem an, inwieweit es heute bei Ihrem Kind zutrifft.

Gibt es **zurzeit** noch Schwierigkeiten bei Ihrem Kind?				C 1
(Bitte kreuzen Sie in jeder Zeile ein Kästchen an.) **Es gibt ...**	**trifft gar nicht zu**	**trifft eher nicht zu**	**trifft eher zu**	**trifft völlig zu**
... allgemeine Lern- und Leistungsprobleme	☐	☐	☐	☐
... Konzentrationsschwierigkeiten	☐	☐	☐	☐
... Lese-Rechtschreibschwäche	☐	☐	☐	☐
... mangelnde Motivation, Schulunlust	☐	☐	☐	☐
... Schulverweigerung (z.B. Schule schwänzen)	☐	☐	☐	☐
... Aggressivität	☐	☐	☐	☐
... extreme Unruhe	☐	☐	☐	☐
... auffälliges Verhalten, wie (z.B. extremes Lügen, Stehlen, Zündeln, ...)	☐	☐	☐	☐
... Drogen- oder Alkoholprobleme	☐	☐	☐	☐
... Konflikte mit dem Gesetz	☐	☐	☐	☐
... Ängste	☐	☐	☐	☐
... mangelndes Selbstvertrauen / Unsicherheit	☐	☐	☐	☐
... Kontaktprobleme / Schüchternheit	☐	☐	☐	☐
... Eltern Kind Konflikte	☐	☐	☐	☐
... Geschwisterkonflikte	☐	☐	☐	☐
... Schlafstörungen	☐	☐	☐	☐
... Einnässen / Einkoten	☐	☐	☐	☐
... körperliche Beschwerden (z.B. Kopf-, Bauchschmerzen, Asthma, Allergien)	☐	☐	☐	☐
... andere Probleme: ________________	☐	☐	☐	☐

In welchen der folgenden Bereichen treten die genannten Probleme **zurzeit** auf?				C 2
(Bitte kreuzen Sie in jeder Zeile ein Kästchen an.) **Die Probleme treten auf...**	**trifft gar nicht zu**	**trifft eher nicht zu**	**trifft eher zu**	**trifft völlig zu**
... in der Schule	☐	☐	☐	☐
... in der Familie	☐	☐	☐	☐
... in der Freizeit	☐	☐	☐	☐
... in ________________	☐	☐	☐	☐

Gab es Ihrer Meinung nach während / nach der Tagesgruppe irgendwelche Ereignisse, die Veränderungen des Problems bewirkt haben könnten? C 3

☐ nein
☐ ja, nämlich: ________________

Auch diese Fragen kennen Sie zum Teil schon. Diesmal sollen Sie jedoch die derzeitige Situation beurteilen.

Wie geht es Ihrem Kind **zurzeit**? *(Bitte kreuzen Sie in jeder Zeile ein Kästchen an.)*					C 4
Wie gut kommt Ihr Kind **zurzeit** mit den schulischen Leistungsanforderungen zurecht?	sehr gut ☐	eher gut ☐	teils teils ☐	eher schlecht ☐	sehr schlecht ☐
Wie gut ist die Beziehung Ihres Kindes zu Ihnen und zu den anderen Familienmitgliedern (Erwachsene und Kinder) **zurzeit**?	sehr gut ☐	eher gut ☐	teils teils ☐	eher schlecht ☐	sehr schlecht ☐
Wie gut ist **zurzeit** der Kontakt Ihres Kindes zu anderen Kindern in der Freizeit?	sehr gut ☐	eher gut ☐	teils teils ☐	eher schlecht ☐	sehr schlecht ☐
Wie gut kann Ihr Kind sich **zurzeit** alleine beschäftigen (Spielen, Interessen, Aktivitäten)?	sehr gut ☐	eher gut ☐	teils teils ☐	eher schlecht ☐	sehr schlecht ☐
Wie schätzen Sie die körperliche Gesundheit Ihres Kindes **zurzeit** ein?	sehr gut ☐	eher gut ☐	teils teils ☐	eher schlecht ☐	sehr schlecht ☐
Wie schätzen Sie die „nervliche" und seelische Verfassung Ihres Kindes **zurzeit** ein?	sehr gut ☐	eher gut ☐	teils teils ☐	eher schlecht ☐	sehr schlecht ☐
Wenn Sie alle genannten Aspekte und Lebensbereiche Ihres Kindes zusammenfassen: Wie gut geht es Ihrem Kind **zurzeit** insgesamt?	sehr gut ☐	eher gut ☐	teils teils ☐	eher schlecht ☐	sehr schlecht ☐
Wie stark ist Ihr Kind durch die Probleme, die Sie damals zu uns geführt haben, **zurzeit** noch belastet?	überhaupt nicht belastet ☐	wenig belastet ☐	mäßig belastet ☐	stark belastet ☐	sehr stark belastet ☐
Wie stark fühlen Sie sich selbst durch die Probleme Ihres Kindes **zurzeit** belastet?	überhaupt nicht belastet ☐	wenig belastet ☐	mäßig belastet ☐	stark belastet ☐	sehr stark belastet ☐
Wie stark ist die Stimmung / das Klima in Ihrer Familie **zurzeit** belastet?	überhaupt nicht belastet ☐	wenig belastet ☐	mäßig belastet ☐	stark belastet ☐	sehr stark belastet ☐

Wie oft treten die Probleme bei Ihrem Kind **zurzeit** auf? C 5
(Bitte kreuzen Sie nur ein Kästchen an.)

- ☐ mehrmals täglich
- ☐ täglich
- ☐ mehrmals wöchentlich
- ☐ mehrmals monatlich
- ☐ seltener

Wie hat sich die Situation durch die Tagesgruppe insgesamt verändert? C 6
(Bitte kreuzen Sie nur ein Kästchen an.)

- ☐ deutliche Besserung
- ☐ leichte Besserung
- ☐ keine Veränderung
- ☐ leichte Verschlechterung
- ☐ deutliche Verschlechterung

Abschließend möchten wir Ihnen die Möglichkeit geben, uns Ihre eigenen Vorschläge zur Verbesserung unserer Arbeit in der Tagesgruppe mitzuteilen.

Was könnte die Tagesgruppe aus Ihren Erfahrungen heraus besser machen?

Was hat Ihnen an der Tagesgruppe besonders gut gefallen?
Was sollte sich auf keinen Fall ändern?

Vielen Dank für Ihre Mitarbeit

15 ANHANG C: ERGEBNISSE DER ELTERNBEFRAGUNG

Tabelle C1:
Frage A1: Ausfüller des Fragebogens

	Häufigkeit	Gültige Prozente
Mutter	38	73.1
Vater	4	7.7
Eltern gemeinsam	7	13.5
Andere	3	5.8
Gesamt	**52**	**100.0**

Tabelle C2:
Frage A2: Idee zur Maßnahme

	Häufigkeit	Gültige Prozente
Mutter	17	32.7
Lehrer/Schule	12	23.1
SozialarbeiterIn	1	1.9
Weitere Personen aus der Familie	1	1.9
beide Eltern	3	5.8
Eltern/-teil + Schule	3	5.8
Eltern/-teil + Jugendamt	3	5.8
Sprachtherapeut, Beratungsstelle	2	3.8
Jugendamt	4	7.7
ASD	1	1.9
Eltern/-teil + Schule + Beratungsstelle	1	1.9
Eltern/-teil + Jugendamt + Beratungsstelle, Psychologe	1	1.9
Kindergarten	2	3.8
Kinder- und Jugendpsychiatrie	1	1.9
Gesamt	**52**	**100.0**

Tabelle C3:
Frage A3: Entscheidungsdauer zur Maßnahme

	Häufigkeit	Gültige Prozente
einige Wochen	22	40.7
2-6 Monate	12	22.2
7-12 Monate	9	16.7
1-2 Jahre	6	11.1
noch länger	5	9.3
Gesamt	**54**	**100.0**

Tabelle C4:
Frage A4: Zustandekommen der Entscheidung (Stichprobenumfang, Mittelwert, Standardabweichung, Minimum und Maximum)

	N	*M*	*S*	*Min*	*Max*
Beteiligung	48	3.60	0.74	1	4
Wunsch	48	3.44	0.82	1	4
keine Bedenken	48	3.42	0.94	1	4

Anmerkungen. Antwortformat: 1=trifft gar nicht zu; 2=trifft eher nicht zu; 3=trifft eher zu; 4=trifft völlig zu

Tabelle C5:
Frage A5: Probleme zu Beginn (Stichprobenumfang, Mittelwert, Standardabweichung, Minimum und Maximum)

	N	*M*	*S*	*Min*	*Max*
Allgemeine Lern- und Leistungsprobleme	51	3.10	0.98	1	4
Konzentrationsschwierigkeiten	51	3.38	0.87	1	4
LRS	50	2.62	1.10	1	4
Mangelnde Motivation, Schulunlust	49	2.57	1.22	1	4
Schulverweigerung	48	1.46	0.85	1	4
Aggressivität	51	2.84	1.05	1	4
Extreme Unruhe	48	3.02	1.06	1	4
Auffälliges Verhalten	51	2.69	1.21	1	4
Drogen- oder Alkoholprobleme	48	1.02	0.14	1	2
Konflikte mit dem Gesetz	48	1.10	0.42	1	3
Ängste	48	2.15	1.05	1	4
Mangelndes Selbstvertrauen, Unsicherheit	50	2.88	1.02	1	4
Kontaktprobleme, Schüchternheit	51	2.14	1.20	1	4
Eltern- Kind Konflikte	48	2.75	1.19	1	4
Geschwisterkonflikte	49	2.27	1.20	1	4
Schlafstörungen	48	1.60	0.82	1	4
Einnässen, Einkoten	50	1.66	1.14	1	4
Körperliche Beschwerden	44	1.57	1.07	1	4
Andere Probleme	19	1.79	1.27	1	4

Anmerkungen. Antwortformat: 1=traf gar nicht zu; 2=traf eher nicht zu; 3=traf eher zu; 4=traf völlig zu

Tabelle C6:
Frage A6: Problembereiche zu Beginn (Stichprobenumfang, Mittelwert, Standardabweichung, Minimum und Maximum)

	N	*M*	*S*	*Min*	*Max*
Probleme in der Schule zu Beginn	51	3.69	0.62	1	4
Probleme in der Familie zu Beginn	48	3.31	0.93	1	4
Probleme in der Freizeit zu Beginn	46	3.07	1.04	1	4
Probleme in anderen Bereichen zu Beginn	5	2.00	1.41	1	4

Anmerkungen. Antwortformat: 1=traf gar nicht zu; 2=traf eher nicht zu; 3=traf eher zu; 4=traf völlig zu

Tabelle C7:
Frage A7: Problemursachen

	Häufigkeit	Gültige Prozente
Nein	21	41.2
Ja	30	58.8
Gesamt	**51**	**100.0**

Tabelle C8:
Frage A8.1-A8.7: Lebensqualität zu Beginn (Stichprobenumfang, Mittelwert, Standardabweichung, Minimum und Maximum)

	N	*M*	*S*	*Min*	*Max*
Lebensqualität zu Beginn: Schule	52	3.64	1.08	1	5
Lebensqualität zu Beginn: Familie	53	3.02	1.12	1	5
Lebensqualität zu Beginn: Freizeit	53	3.38	1.20	1	5
Lebensqualität zu Beginn: Beschäftigung	53	2.98	1.23	1	5
Lebensqualität zu Beginn: körperliche Gesundheit	52	2.33	1.04	1	5
Lebensqualität zu Beginn: nervliche und seelische Verfassung	50	3.42	0.76	1	5
Lebensqualität zu Beginn: Gesamtverfassung des Kindes	52	3.38	0.91	1	5

Anmerkungen. Antwortformat: 1=sehr gut; 2=eher gut; 3=teils teils;4=eher schlecht; 5=sehr schlecht

Tabelle C9:
Frage A8.8-A8.10: Belastung zu Beginn (Stichprobenumfang, Mittelwert, Standardabweichung, Minimum und Maximum)

	N	*M*	*S*	*Min*	*Max*
Belastung Kind zu Beginn	52	3.85	0.98	1	5
Belastung Eltern zu Beginn	51	4.29	0.76	2	5
Belastung der Familie zu Beginn	52	3.94	1.04	1	5

Anmerkungen. Antwortformat: 1=überhaupt nicht belastet; 2=wenig belastet; 3=mäßig belastet;4=stark belastet; 5=sehr stark belastet

Tabelle C10:
Frage A9: Problemdauer vor Maßnahme

	Häufigkeit	Gültige Prozente
einige Wochen	3	5.7
2-6 Monate	5	9.4
7-12 Monate	4	7.5
1-2 Jahre	14	26.4
noch länger	27	50.9
Gesamt	**53**	**100.0**

Tabelle C11:
Frage A10: Problemhäufigkeit vor Maßnahme

	Häufigkeit	Gültige Prozente
Seltener	1	2.0
Mehrmals monatlich	5	9.8
Mehrmals wöchentlich	7	13.7
Täglich	21	41.2
Mehrmals täglich	17	33.3
Gesamt	**51**	**100.0**

Tabelle C12:
Frage A11: Erfolgserwartung

	Häufigkeit	Gültige Prozente
Vollständige Besserung	5	9.4
Deutliche Besserung	37	69.8
Leichte Besserung	11	20.8
Keine Veränderung	0	0
Gesamt	**53**	**100.0**

Tabelle C13:
Frage B1: Wichtigkeit einzelner Aspekte (Stichprobenumfang, Mittelwert, Standardabweichung, Minimum und Maximum)

	N	*M*	*S*	*Min*	*Max*
Wichtigkeit Versorgung am Nachmittag	51	3.49	0.86	1	4
Wichtigkeit: Information über das Problem	51	3.76	0.47	2	4
Wichtigkeit: Problemlösung durch Mitarbeiter	52	3.52	0.61	2	4
Wichtigkeit: Tipps zur Selbsthilfe	52	3.88	0.32	3	4
Wichtigkeit: andere Aspekte	7	3.29	1.25	1	4

Anmerkungen. Antwortformat: 1=völlig unwichtig; 2=eher unwichtig; 3=eher wichtig; 4=sehr wichtig

Tabelle C14a:
Frage B2: Andere Hilfen

	Erziehungsberatung		SPFH		Erziehungsbeistandschaft	
	Häufigkeit	Gültige Prozent	Häufigkeit	Gültige Prozent	Häufigkeit	Gültige Prozent
Nie	19	41.3	22	40.7	36	87.8
Nur vor der Maßnahme	19	41.3	21	38.9	2	4.9
Nur während der Maßnahme	5	10.9	3	5.6	3	7.3
Nur heute	0	0	1	1.9	0	0
Vor und während der Maßnahme	2	3.7	1	1.9	0	0
Vor der Maßnahme und heute	1	1.9	0	0	0	0
Während der Maßnahme und heute	0	0	0	0	0	0
'immer'	0	0	0	0	0	0
Gesamt	**46**	**100**	**48**	**100**	**41**	**100**

Tabelle C14b:
Frage B2: Andere Hilfen

	Psychotherapie der Eltern		Psychotherapie des Kindes		Medikamtentöse Behandlung des Kindes	
	Häufigkeit	Gültige Prozent	Häufigkeit	Gültige Prozent	Häufigkeit	Gültige Prozent
Nie	39	72.2	30	63.8	34	77.3
Nur vor der Maßnahme	6	11.1	5	10.6	4	9.1
Nur während der Maßnahme	0	0	9	19.1	1	2.3
Nur heute	0	0	1	2.1	4	9.1
Vor und während der Maßnahme	1	1.9	1	2.1	0	0
Vor der Maßnahme und heute	1	1.9	0	0	0	0
Während der Maßnahme und heute	0	0	1	2.1	0	0
'immer'	0	0	0	0	1	2.3
Gesamt	**47**	**100**	**47**	**100**	**44**	**100**

Tabelle C14c:
Frage B2: Andere Hilfen

	Motorische Förderung des Kindes		Sprachliche Förderung des Kindes		Schulische Förderung des Kindes	
	Häufigkeit	Gültige Prozent	Häufigkeit	Gültige Prozent	Häufigkeit	Gültige Prozent
Nie	31	66.0	34	77.3	30	65.2
Nur vor der Maßnahme	11	23.4	7	15.9	8	17.4
Nur während der Maßnahme	3	6.4	2	4.5	3	6.5
Nur heute	0	0	0	0	0	0
Vor und während der Maßnahme	1	2.1	0	0	2	4.3
Vor der Maßnahme und heute	0	0	1	2.3	0	0
Während der Maßnahme und heute	0	0	0	0	0	0
'immer'	1	2.1	0	0	3	6.5
Gesamt	**47**	**100**	**44**	**100**	**46**	**100**

Tabelle C15a:
Frage B3:Fremdunterbringung

	Heim		Kinder- und Jugendpsychiatrie		Pflegefamilie	
	Häufigkeit	Gültige Prozent	Häufigkeit	Gültige Prozent	Häufigkeit	Gültige Prozent
Nie	45	83.3	47	87.0	41	85.4
Nur vor der Maßnahme	2	3.7	1	1.9	3	6.3
Nur während der Maßnahme	0	0	0	0	0	0
Nur heute	1	1.9	0	0	3	6.3
Vor und während der Maßnahme	0	0	0	0	0	0
Vor der Maßnahme und heute	0	0	0	0	0	0
Während der Maßnahme und heute	0	0	0	0	0	0
'immer'	0	0	0	0	1	1.9
Gesamt	**48**	**100**	**48**	**100**	**48**	**100**

Tabelle C15b:
Frage B2/B3:Andere Hilfen/Fremdunterbringung (offene Frage)

	Andere Hilfen		Andere Fremd-Unterbringung	
	Häufigkeit	Gültige Prozent	Häufigkeit	Gültige Prozent
Nie	12	70.6	20	80.0
Nur vor der Maßnahme	1	5.9	2	8.0
Nur während der Maßnahme	3	17.6	0	0
Nur heute	0	0	1	4.0
Vor und während der Maßnahme	1	5.9	2	01.08.00
Vor der Maßnahme und heute	0	0	0	0
Während der Maßnahme und heute	0	0	0	0
'immer'	0	0	0	0
Gesamt	**17**	**100**	**22**	**100**

Tabelle C16:
Frage B4/B5: Entlastung durch bzw. Aufwand für Maßnahme (Stichprobenumfang, Mittelwert, Standardabweichung, Minimum und Maximum)

	N	*M*	*S*	*Min*	*Max*
Entlastung durch Maßnahme	52	4.25	0.93	1	5
Aufwand für Maßnahme	52	2.58	1.11	1	5

Anmerkungen. Antwortformat: 1=sehr gering; 2=gering; 3=mittel;4=groß; 5=sehr groß

Tabelle C17:
Frage B6: Autonomieunterstützung (Stichprobenumfang, Mittelwert, Standardabweichung, Minimum und Maximum)

	N	*M*	*S*	*Min*	*Max*
Aufzeigen von Lösungswegen	51	4.25	0.87	2	5
Unterstützung zur Eigenständigkeit	52	4.37	0.84	2	5
Ermutigung zum Fragen stellen	52	4.38	0.84	2	5
Offenheit für eigene Ideen	51	4.37	0.87	1	5
Offenheit für eigene Sichtweisen	50	4.24	0.98	1	5
Offenheit für eigene Meinung	52	4.40	0.82	2	5
Unzufriedenheit bei Nicht-Beachtung der Vorschläge[a]	49	4.16	1.21	1	5

Anmerkungen. Antwortformat: 1=trifft gar nicht zu; 2=trifft eher nicht zu; 3=teils teils; 4=trifft eher zu; 5=trifft völlig zu

[a] Das Item wurde umgepolt

Tabelle C18:
Frage B7: Soziale Eingebundenheit (Stichprobenumfang, Mittelwert, Standardabweichung, Minimum und Maximum)

	N	*M*	*S*	*Min*	*Max*
Nehmen uns ernst	51	4.49	0.86	2	5
Abweisend/unnahbar[a]	50	4.58	0.95	1	5
Kommen gut miteinander aus	53	4.49	0.85	1	5
Vertrauen	53	4.57	0.67	3	5
Verstehen uns	53	4.49	0.75	3	5
Offen reden können	54	4.56	0.79	2	5

Anmerkungen. Antwortformat: 1=trifft gar nicht zu; 2=trifft eher nicht zu; 3=teils teils; 4=trifft eher zu; 5=trifft völlig zu

[a] Das Item wurde umgepolt

Tabelle C19:
Frage B8: Kompetenzunterstützung (Stichprobenumfang, Mittelwert, Standardabweichung, Minimum und Maximum)

	N	*M*	*S*	*Min*	*Max*
Problemlösefähigkeit	52	4.30	0.91	1	5
Klein und unwissend[a]	52	4.40	1.05	1	5
Guter Problemumgang	53	4.18	0.96	1	5
Umsetzung der Anregungen im Alltag	50	4.16	0.93	1	5
Überforderung mit dem Problem[a]	50	4.14	1.11	1	5
Experten für Problem	49	2.67	1.28	1	5
Weiterkommen durch Maßnahme	50	4.16	0.89	2	5

Anmerkungen. Antwortformat: 1=trifft gar nicht zu; 2=trifft eher nicht zu; 3=teils teils; 4=trifft eher zu; 5=trifft völlig zu

[a] Das Item wurde umgepolt

Tabelle C20:
Frage B9: FBB (Stichprobenumfang, Mittelwert, Standardabweichung, Minimum und Maximum)

	N	*M*	*S*	*Min*	*Max*
Maßnahme hilfreich	53	3.53	0.61	2	4
Wiederkommen	52	3.44	0.89	0	4
Ausreichende Information über Maßnahme	52	3.71	0.70	0	4
Besseres Auskommen in der Familie	53	2.86	1.03	0	4
Besseres Verhalten gegenüber Kind	52	2.94	0.80	1	4
Einverständnis mit Maßnahmen	54	3.44	0.69	2	4
Weiterempfehlung an andere	53	3.64	0.81	0	4
Ausreichender Einbezug der Eltern	52	3.54	0.78	0	4
Problemverbesserung beim Kind	53	3.00	0.81	2	4
Besseres Verständnis	54	3.15	0.90	0	4
Problemverbesserung bei den Eltern	53	2.70	1.07	0	4
Persönliches Weiterkommen	53	2.70	1.01	0	4
Zufriedenheit mit der Maßnahme	54	3.63	0.76	0	4

Anmerkungen. Antwortformat: 0=überhaupt nicht/niemals; 1=kaum/selten; 2=teilweise/manchmal; 3=überwiegend/meistens; 4=ganz genau/immer

Tabelle C21:
Frage B10a: Wunsch nach Fortsetzung der Maßnahme

	Häufigkeit	Gültige Prozente
Nein	8	15.1
Ja	45	84.9
Gesamt	**53**	**100.0**

Tabelle C22:
Frage B10b: gewünschter Stundenumfang bei Fortsetzung

	Häufigkeit	Gültige Prozente
Weniger Stunden	9	20.5
Gleicher Stundenumfang	32	72.7
Mehr Stunden	3	6.8
Gesamt	**44**	**100.0**
Fehlend aufgrund Filterfrage	8	

Tabelle C23:
Frage B11: Gründe für Wunsch nach Fortsetzung der Maßnahme (Stichprobenumfang, Mittelwert, Standardabweichung, Minimum und Maximum)

	N	*M*	*S*	*Min*	*Max*
Wunsch nach weiterer Versorgung des Kindes	42	2.50	1.11	1	4
Wunsch nach weiterer Problemverbesserung	40	2.93	1.05	1	4
Wunsch nach mehr Tipps und Anleitung	41	2.76	0.99	1	4
Wunsch nach mehr Sicherheit und Routine	39	3.00	0.95	1	4
Mangelnde Umsetzung im Alltag	40	2.75	0.98	1	4
Weitere Wünsche	8	3.63	1.06	1	4

Anmerkungen. Antwortformat: 1=trifft gar nicht zu; 2=trifft eher nicht zu; 3=trifft eher zu; 4=trifft völlig zu

Tabelle C24:

Frage B12: Zufriedenheit mit einzelnen Aspekte (Stichprobenumfang, Mittelwert, Standardabweichung, Minimum und Maximum)

	N	*M*	*S*	*Min*	*Max*
Lage, Erreichbarkeit	53	3.64	0.59	1	4
Öffnungszeiten	51	3.69	0.51	2	4
Telefonische Erreichbarkeit	53	3.77	0.42	3	4
Wartezeit bis zur Aufnahme	51	3.47	0.67	2	4
Räumlichkeiten	52	3.78	0.52	2	4
Atmosphäre	53	3.72	0.53	2	4
Flexibilität bei Terminabsprachen	52	3.69	0.47	3	4
Gestaltung der Elterngespräche	53	3.77	0.47	2	4
Teilnehmer am Elterngespräch	52	3.69	0.54	2	4
Fachliche Kompetenz	53	3.72	0.53	2	4
Umgang der Mitarbeiter mit Eltern	52	3.71	0.54	2	4
Umgang der Mitarbeiter mit Kind	53	3.75	0.43	3	4
Infoaustausch Mitarbeiter – Eltern	53	3.72	0.53	2	4
Zusammensetzung der Kindergruppe	52	3.48	0.64	2	4
Einbezug Schule / Lehrer	52	3.63	0.60	1	4
Auswahl an Spiel- und Freizeitangeboten	53	3.87	0.34	3	4
Unterstützung in schulischen Belangen	52	3.65	0.65	1	4
Gestaltung des Maßnahmenendes	30	3.47	0.82	1	4

Anmerkungen. Antwortformat: 1=völlig unzufrieden; 2=eher unzufrieden; 3=eher zufrieden; 4=völlig zufrieden

Tabelle C25:

Frage B13: Zufriedenheit mit der Anzahl bestimmter Aspekte (Stichprobenumfang, Mittelwert, Standardabweichung, Minimum und Maximum)

	N	*M*	*S*	*Min*	*Max*
Zufriedenheit: Anzahl der Elterngespräche	53	2.94	0.41	1	4
Zufriedenheit: Anzahl der Fachkräfte bei den Gesprächen	54	2.98	0.24	2	4
Zufriedenheit: Anzahl der Kinder pro Tagesgruppe	53	3.03	0.25	2	4

Anmerkungen. Antwortformat: 1=zu wenig; 2=eher zu wenig;3=genau richtig; 4=eher zu viel; 5=zu viel

Tabelle C26:
Frage C1: Probleme heute(Stichprobenumfang, Mittelwert, Standardabweichung, Minimum und Maximum)

	N	*M*	*S*	*Min*	*Max*
Allgemeine Lern- und Leistungsprobleme	52	2.48	1.02	1	4
Konzentrationsschwierigkeiten	51	2.73	0.83	1	4
LRS	52	2.08	0.95	1	4
Mangelnde Motivation, Schulunlust	54	1.94	0.98	1	4
Schulverweigerung	53	1.40	0.72	1	4
Aggressivität	51	2.20	0.85	1	4
Extreme Unruhe	53	2.23	0.91	1	4
Auffälliges Verhalten	53	1.92	1.05	1	4
Drogen- oder Alkoholprobleme	53	1.06	0.23	1	2
Konflikte mit dem Gesetz	53	1.15	0.50	1	3
Ängste	53	1.74	0.90	1	4
Mangelndes Selbstvertrauen, Unsicherheit	51	2.06	1.03	1	4
Kontaktprobleme, Schüchternheit	53	1.64	0.83	1	3
Eltern- Kind Konflikte	51	2.30	0.85	1	4
Geschwisterkonflikte	52	2.15	1.00	1	4
Schlafstörungen	53	1.34	0.71	1	4
Einnässen, Einkoten	52	1.37	0.74	1	3
Körperliche Beschwerden	51	1.37	0.72	1	3
Andere Probleme	13	1.77	1.09	1	4

Anmerkungen. Antwortformat: 1=trifft gar nicht zu; 2=trifft eher nicht zu; 3=trifft eher zu; 4=trifft völlig zu

Tabelle C27:
Frage C2: Problembereiche heute (Stichprobenumfang, Mittelwert, Standardabweichung, Minimum und Maximum)

	N	*M*	*S*	*Min*	*Max*
Probleme in der Schule heute	51	2.96	0.87	1	4
Probleme in der Familie heute	51	2.78	0.73	1	4
Probleme in der Freizeit heute	50	2.38	1.01	1	4
Probleme in anderen Bereichen heute	10	2.50	1.43	1	4

Anmerkungen. Antwortformat: 1=trifft gar nicht zu; 2=trifft eher nicht zu; 3=trifft eher zu; 4=trifft völlig zu

Tabelle C28:
Frage C3: zwischenzeitliche Ereignisse mit Einfluss auf das Problem

	Häufigkeit	Gültige Prozente
Nein	36	70.6
Ja	15	29.4
Gesamt	**51**	**100.0**

Tabelle C29:
Frage C4.1-C4.7: Lebensqualität heute (Stichprobenumfang, Mittelwert, Standardabweichung, Minimum und Maximum)

	N	*M*	*S*	*Min*	*Max*
Lebensqualität heute: Schule	54	2.50	1.15	1	5
Lebensqualität heute: Familie	54	2.33	0.82	1	5
Lebensqualität heute: Freizeit	53	2.47	0.97	1	5
Lebensqualität heute: Beschäftigung	54	2.33	1.01	1	5
Lebensqualität heute: körperliche Gesundheit	54	1.87	0.91	1	4
Lebensqualität heute: nervliche und seelische Verfassung	53	2.66	0.71	1	5
Lebensqualität heute: Gesamtverfassung des Kindes	54	2.34	0.78	1	4

Anmerkungen. Antwortformat: 1=sehr gut; 2=eher gut; 3=teils teils;4=eher schlecht; 5=sehr schlecht

Tabelle C30:
Frage C4.8-C4.10: Belastung heute (Stichprobenumfang, Mittelwert, Standardabweichung, Minimum und Maximum)

	N	*M*	*S*	*Min*	*Max*
Belastung Kind heute	52	2.81	0.69	2	4
Belastung Eltern heute	54	2.91	0.83	1	5
Belastung der Familie heute	54	2.76	0.93	1	5

Anmerkungen. Antwortformat: 1=überhaupt nicht belastet; 2=wenig belastet; 3=mäßig belastet;4=stark belastet; 5=sehr stark belastet

Tabelle C31:
Frage C5: Problemhäufigkeit heute

	Häufigkeit	Gültige Prozente
Seltener	17	32.1
Mehrmals monatlich	7	13.2
Mehrmals wöchentlich	20	37.7
Täglich	7	13.2
Mehrmals täglich	2	3.8
Gesamt	**53**	**100.0**

Tabelle C32:
Frage C6: Veränderung durch Maßnahme

	Häufigkeit	Gültige Prozente
Deutliche Besserung	24	44.4
Leichte Besserung	25	46.3
Keine Veränderung	4	7.4
Leichte Verschlechterung	0	0
Deutliche Verschlechterung	1	1.9
Gesamt	**54**	**100.0**

Tabelle C33:
offene Frage: Vorschläge gemacht

	Häufigkeit	Gültige Prozente
Nein	17	31.5
Ja	37	68.5
Gesamt	**54**	**100.0**